Libro de Oraciones de Santa Teresa de Ávila

Escrito por Saúl Cruz

Libro de Oraciones de Santa Teresa de Ávila

Contenido

Una Nota del Autor

Querido lector, En sus manos, tiene un libro que cruza siglos y continentes, un libro que entrelaza la sabiduría divina de una mujer profundamente espiritual con las oraciones de aquellos que buscan consuelo y una conexión más profunda con Dios y consigo mismos. Este libro, fruto de mucha oración, amor y dedicación, es más que una recopilación de oraciones; es un mapa que lo guía hacia el ámbito místico de una de las santas más veneradas en la historia de la Iglesia - Santa Teresa de Ávila.

En este excepcional volumen, encontrará 25 oraciones cuidadosamente seleccionadas que reflejan la esencia de la comunión divina de Santa Teresa. Están impregnadas de su profundo entendimiento de la humanidad y del anhelo que compartimos por una relación más estrecha con Dios. Alineada con la mente de esta gran santa, cada oración le invita a emprender un viaje a través de las profundidades del auto-descubrimiento, la entrega y el sublime amor por Nuestro Señor.

También se incluye una poderosa novena que sirve como un camino para profundizar la fe y un puente hacia lo Divino. Aquí, encontrará la oportunidad de reflexionar sobre la sabiduría eterna de Santa Teresa, lidiar con verdades espirituales atemporales, e involucrarse en un diálogo íntimo con Nuestro Creador.

Le invito a absorber la esencia de cada oración, meditar sobre la sabiduría contenida en ellas, y profundizar en los paisajes espirituales pintados elocuentemente a través de sus expresiones de fe. A medida que avanza por este compendio espiritual, que le inspire, al igual que Santa Teresa se vio movida por las conmociones de su corazón, a elevar su comunión divina y vivir su fe con mayor devoción.

Cada página de este libro está impregnada de amor y oración

resonando con la esperanza de que no solo sirva como guía para la reflexión contemplativa, sino como un compañero espiritual para ayudarle a acercarse más a Dios. Su complejo tapiz espiritual entrelaza sabiduría, fe, oración, y una conexión indeleble con Santa Teresa de Ávila, cuyo legado de amor y devoción trasciende su tiempo.

Que este viaje ilumine su camino, caliente su corazón, profundice su vida de oración, y lo acerque más a nuestro amoroso Dios. Que el ejemplo de Santa Teresa de Ávila reavive su fe, profundice su amor, y le brinde consuelo e inspiración mientras navega por este viaje, a veces tumultuoso, que llamamos vida. Juntos, con las oraciones de este libro y la intercesión de Santa Teresa de Ávila, que crezcamos como mejores discípulos en este continuo camino de fe.

Con mis mejores deseos de oración,

Saúl Cruz

La Vida de Teresa de Ávila

En el corazón de España, a principios del siglo XVI, Dios iluminó la tierra con una chispa. Esta chispa vino en la figura de una niña bautizada como Teresa de Cepeda y Ahumada. Nacida en una devota familia católica, la chispa de la fe fue encendida en su corazón desde sus años más tiernos. Aprendió a susurrar oraciones e himnos de sus piadosos padres, encendiendo una conexión divina que solo se amplificaría con el tiempo. Trágicamente, la llama en su corazón parpadeó cuando su amada madre fue apartada de ella prematuramente cuando Teresa era solo una joven. Las olas de dolor amenazaron con extinguir su chispa de fe. Sin embargo, desde las profundidades de la tristeza, Teresa encontró un lazo inesperado con la Virgen María, cuyo amor maternal y gracia suave le brindaron consuelo.

Sin embargo, el agradable encanto del mundo tiró de su corazón juvenil, alejándola suavemente de su anclaje espiritual. Alarmado por su hija, su padre envió a Teresa a un convento carmelita para su educación, esperando que el ambiente sagrado la devolviera a su fe. Sus oraciones fueron contestadas cuando Teresa emergió, su corazón resonando cada vez más las enseñanzas de Cristo. Con el tiempo, eligió las humildes túnicas de una monja carmelita, dedicando su vida a Dios.

Sin embargo, debajo del velo sagrado, encontró una sorprendente desilusión. La vida del convento estaba manchada por la laxitud y las comodidades materiales que apenas reflejaban la austeridad que Cristo había predicado. La chispa dentro de ella comenzó a arder; anhelaba una comunión más profunda con Dios que parecía elusiva dentro de los muros de su congregación.

Si bien su insaciable sed de Dios condujo a Teresa a experiencias divinas que la llenaron de una paz inexplicable, sus revelaciones fueron recibidas con duda. Sus encuentros místicos fueron despreciados, su fe cuestionada, y lo peor de todo, incluso fue acusada de herejía.

Pero Teresa, moldeada por la mano de Dios, fue resiliente. Inspirada por el amor inquebrantable de Cristo, eligió no solo soportar sino prosperar en medio de las adversidades. En sus cuarentas, fortalecida por la armadura divina de la fe, avanzó sin miedo hacia la reforma de la orden carmelita. Soñó con una congregación que no se deleitaba en la riqueza material, sino en las riquezas espirituales, una hermandad que vivía en austera simplicidad al igual que su Señor Jesucristo.

Guiada por la mano de Dios, convirtió este sueño en realidad. Contra todo pronóstico, incluso frente a la mala salud y la resistencia eclesiástica, estableció numerosos conventos carmelitas bajo su visión revolucionaria.

Su pluma danzó en las páginas, sus palabras susurrando rítmicamente profundas perspectivas sobre el viaje del alma hacia Dios. En sus obras más destacadas, notablemente, "Camino de Perfección", "Castillo Interior" y "Las Fundaciones", instó al mundo a ascender la escalera espiritual con ella, una subida hacia la unión perfecta con Dios.

Santa Teresa de Ávila, una llama divina en el tejido de la existencia terrenal, trazó un camino para profundizar la conciencia espiritual. Su vida se mantuvo como un testimonio de su fe tenaz y un compromiso inquebrantable con Dios. En los anales de la historia cristiana, ella es aclamada, reverenciada y celebrada como una de las más grandes místicas, un testimonio del gran diseño de Dios, un faro de luz divina, iluminando el camino hacia nuestro Padre celestial.

Oraciones Intercesoras

Antes de adentrarnos en el corazón de estas oraciones, es vital apreciar el espacio de donde surgen estas intercesiones, un reino nutrido por un profundo viaje espiritual. El epicentro de tales oraciones es el profundo amor, reverencia y devoción que Santa Teresa de Ávila cultivó por lo Divino. Esta Mística y Doctora de la Iglesia trazó caminos vitales de conexión espiritual profunda, permitiendo una comunicación matizada con lo Divino. Estas oraciones de intercesión canalizan su profunda y siempre salvadora sabiduría. Su espiritualidad, impregnada de humildad y una incansable búsqueda de la verdad y consuelo en Dios, nos envuelve al adentrarnos en esta interacción íntima. Estas oraciones te invitan a hacer una pausa, reflexionar, y profundizar tus conexiones, utilizándolas como escalones para entender mejor su mensaje central. Pueden servir como compañeras íntimas en momentos de soledad, fomentando un sentido más profundo del misterio Divino.

Deja que estas oraciones te guíen para adentrarte más en el viaje místico que emprendió Santa Teresa, iluminando tu camino e inspirando una devoción más profunda al Todopoderoso. Este viaje llevará, sin duda, desafíos, pero recuerda - cada desafío es solo un escalón hacia la esencia divina y la conexión. Que encuentres consuelo, inspiración y guía en estas oraciones mientras reflexionamos sobre la sabiduría de la amada Santa Teresa de Ávila.

Gracias Señor por...

_____
_____
_____
_____
_____
_____
_____
_____
_____

Teresa de Ávila, intercede por mí en...

_____
_____
_____
_____
_____
_____
_____
_____

Intercede por mis seres queridos...

_____
_____
_____
_____
_____
_____
_____
_____

Mi Oración Personal

Oración para la Perseverancia a través de las Pruebas

En medio del tumulto, busco tu intercesión, Santa Teresa de Ávila. Cuando el camino es empinado y la base insegura, que encuentre valor y persistencia.

Donde la duda ensombrece, que la fe ilumine,

En la oscuridad de la desesperación, que brille la luz de la esperanza.

Cuando el dolor sumerge mi corazón, que el consuelo sea un bálsamo suavizante,

En los desolados momentos de soledad, que abunde el consuelo de la compañía divina.

Donde las faltas pinchan y los errores abruman, concédenos el misericordioso liberación del perdón.

Cuando mi espíritu está reseco, que fluya el alimento del amor.

En medio del clamor del miedo, que se escuche el susurro de la valentía,

En el abrazo de la debilidad, que la fortaleza se afirme.

En el precipicio del fracaso, que la perseverancia guíe mi camino,

Entre incertidumbres y miedos, que haya una fe inquebrantable.

Cuando la amenaza del odio, que prevalezca el amor,

Ante la desconfianza, que la confianza despliegue sus firmes alas.

Con las espinas del arrepentimiento, permite que florezca el perdón,

Cuando el ego consume, permite que florezca la humildad.

A través de la furiosa tormenta, que la paz sea mi refugio,

En el silencio del vacío, que la voz de Dios brinde sustento.

En medio del caos y el ruido, que encuentre serenidad,

Cuando el agotamiento se apodera, que Su fuerza inspire resistencia.

Ahora, mientras camino este tortuoso viaje, Santa Teresa de Ávila, sé mi estrella guía,

En tu sabiduría, que descubra el valor para soportar, la fuerza para esperar, y la gracia para confiar.

A través de pruebas y tribulaciones, que mi espíritu crezca,

En el dar, que reciba; en el perdonar, que encuentre liberación.

En mi viaje a través de los valles de lucha y los picos de triunfos,

Guíame, Sta. Teresa de Ávila, mientras aprendo, soporto, crezco y recuerdo,

Que en la dinámica de la vida, debo perder para encontrar, renunciar para ganar, caer para subir, y rendirme para ganar.

Esto lo ruego en profunda fe y humildad, buscando no solo alivio de las pruebas sino también la sabiduría para triunfar sobre ellas. Amén.

Oración para Profundizar la Contemplación

Santa Teresa de Ávila, intercesora del corazón contemplativo, permanece con nosotros mientras continuamos volviéndonos sin cesar hacia Dios.

Escucha nuestra súplica, acompáñanos en nuestro viaje hacia el interior,

Guíanos a nuestro castillo interior, donde reside lo Divino.

Es en la quietud, oh Santa Teresa, donde Dios habla en susurros.

Cuando el mundo gira y se revuelve a nuestro alrededor, recuérdanos el consuelo del silencio.

Enséñanos a acallar el clamor de nuestras mentes, la inquietud de nuestros corazones,

para que podamos encontrar Presencia en la quietud, Gracia en el silencio.

Buscando verdades más profundas, Santa Teresa, en las cámaras resonantes de nuestras almas,

ayúdanos a resistir el atractivo de los placeres fugaces, la tentación de las preocupaciones transitorias.

Porque es en esta búsqueda, en esta sagrada búsqueda,

encontramos no solo respuestas, sino a nosotros mismos reflejados en el rostro divino.

La sabiduría ha hablado a tu corazón, Santa Teresa, en los espacios liminales de la oración.

En el amanecer tranquilo de nuestra contemplación, susúrranos esa sabiduría.

Que podamos aprender de tu viaje, de tu profunda comunión,

y descubrir nuestros propios caminos hacia la verdad divina.

La luz de Dios ilumina tu camino, oh Santa Teresa, un faro para los buscadores de una relación profunda con nuestro Creador.

Dirígenos hacia esa luz, guíanos a través del laberinto de nuestras dudas y miedos,

porque allí, en el núcleo de nuestro ser, es donde Dios espera con infinita paciencia.

Luminaria del camino sagrado, Santa Teresa,

Como has aventurado en profundidades místicas, así deseamos seguir.

Enciende en nosotros el deseo de una unión más profunda, una entrega que se profundice,

Para que el amor de Dios hierva dentro de nosotros, como una llama encendida por el aliento divino.

En cada respiración nuestra, oh Santa Teresa, recuérdanos la cercanía de Dios.

En cada latido nuestro, oh Santa Teresa, eco de los ritmos del amor divino.

En este camino contemplativo, bajo tu suave guía,

Que podamos llegar a conocernos como inextricablemente tejidos en el tapiz de la creación divina.

En el fértil suelo del silencio y la soledad,

Que nuestra contemplación florezca en una comunión profunda.

Santa Teresa de Ávila, intercesora del corazón contemplativo,

Ora por nosotros, y que tu oración resuene en las quietas cámaras de nuestros corazones.

Oración para la Sanación de Enfermedades

Oh Padre Celestial,

En el silencio de nuestros corazones,

Suplicamos que tu misericordia se desborde,

Como el rocío del amanecer sobre las hojas de otoño,

Sobre nuestras debilidades y enfermedades que nos afligen.

Suave Sanador,

Deja que tu amor ascienda como el sol de la mañana,

Abrazándonos, envolviéndonos,

Con rayos de esperanza y promesa de curación.

Toca el fondo de nuestra debilidad,

Y restaura, porque Tú eres la fuerza en nuestra debilidad.

En nuestra quebrantada realidad, buscamos consuelo,

En los ecos suaves de tu promesa divina,

Resonando como aguas tranquilas en nuestros espíritus.

Que podamos deleitarnos en el esplendor de tu gracia,

Y entreguar nuestros sufrimientos a tu amoroso abrazo.

Oh Bendita Intercesora,

Santa Teresa de Ávila, te invocamos,

Tus palabras, como melodías de divina seguridad,

Se inscriben en nuestros corazones anhelantes.

A través de tu benevolente intercesión,

Prevalece sobre el Divino Sanador en nuestro momento de

necesidad.

Como una flor marchita anhela el agua viva,

Así también nuestra alma añora la misericordia de Dios, nuestro Redentor.

Suplicamos al Sanador de todas las debilidades que nos toque,

Que nos limpie, que nos restaure,

En este viaje, envueltos en el velo del dolor y el sufrimiento.

En la medianoche de nuestra desesperación,

Ilumina nuestro camino con la luz de la esperanza,

Con la tranquila seguridad del poder sanador de Dios.

Que la quietud de la noche dé paso a un nuevo amanecer,

Trayendo la creciente marea de paz y salud restaurada.

Bendita Santa Teresa de Ávila,

Llévanos a la fuente de la Divina Misericordia,

Donde las sombras de la enfermedad se disipan

Y cada paso resuena con el eco de la curación divina.

Mantennos firmes en nuestra confianza, imperturbables,

Como el lago tranquilo que refleja el amor divino de nuestro Creador.

En fe, presentamos nuestras súplicas,

Como un pergamino llevado en alas de oración.

Despeja nuestra vista para contemplar el brillo de tu amor sanador.

Confiamos en tu infinita sabiduría, oh Divino Sanador,

Cúranos, restáuranos, porque en tus manos encomendamos nuestros espíritus.

Oración para Encontrar Consuelo en la Pérdida

En medio de la tristeza, que Tu amor, Santa Teresa de Ávila, alivie nuestros corazones afligidos. En la profundidad de la desesperación, que tu intercesión nos guíe hacia el divino consuelo.

En momentos de desgracia, que podamos encontrar solaz en el silencio de la oración.

En tiempos de agonía, que podamos experimentar tranquilidad en la fuerza de la fe.

Cuando la pena nos ata a las sombras, que tu ejemplo ilumine nuestro camino.

Cuando la pérdida parece insuperable, que la divina misericordia cargue nuestros corazones pesados.

Cuando el dolor nos abruma, que podamos sentir la presencia duradera del Señor, como tú lo hiciste, Santa Teresa.

Cuando corazones adoloridos lloran, que podamos sentir el celestial consuelo del abrazo de Dios.

En la silla vacía, que podamos ver el regazo acogedor de nuestro Padre Celestial.

En el silencio de la noche, que podamos oír susurros de canciones angélicas.

En las lágrimas que caen, que podamos discernir los refrescantes rocíos de la Divina misericordia.

En momentos de soledad, que podamos percibir la compañía del Espíritu Santo.

Como tú, Santa Teresa, encontraste refugio en nuestro Señor

en medio de tus tribulaciones,

Que nosotros también, descubramos consuelo en los corazones de Cristo durante nuestro período de desolación.

Así como te sumergiste en oración en momentos de tristeza y alegría,

Que nosotros también, nos relacionemos con lo Divino, en duelo y gratitud.

En la ausencia, que podamos sentir el pulso de la eternidad.

En la vida, que no temamos a la muerte, sino que la veamos como la puerta al eterno consuelo.

En el dolor, percibamos el bálsamo del divino confort.

En la pérdida, que podamos encontrarnos en el abrazo de Dios, nuestro ultimo consuelo.

A través de tu oración intercesora, Santa Teresa,

Que nuestros corazones afligidos encuentren el camino que lleva a la tierna misericordia de Dios.

A través del divino consuelo que experimentaste en medio de tus sufrimientos,

Que nuestros sufrimientos nos lleven a una comprensión más profunda del amor infinito de Dios.

Santa Teresa, intercede por nosotros en este tiempo de dolor.

Reza con nosotros, a medida que navegamos por el solitario terreno de la pérdida.

Camina con nosotros, mientras seguimos el camino del dolor, iluminado por la Divina Luz.

Guíanos hacia nuestro Creador, nuestro definitivo consuelo y eterna paz.

Oración para Aceptar el Amor Divino

En el silencio, Señor, y en el clamor, que nuestros corazones te busquen. En la soledad y en la multitud, que nuestros espíritus encuentren consuelo en Tu abrazo.

En la quietud y en medio del caos, que nuestras almas se iluminen con Tu luz divina.

En la desolación, permitanos encontrar esperanza en Tu presencia, y en la abundancia, no olvidemos Tu gracia.

En la humildad, recordemos Tu gloria, y en el orgullo, que seamos recordados de Tu humildad.

En la oscuridad, dejános ver Tu verdad, y en la claridad, que no pasemos por alto Tu misterio.

En el sufrimiento, permitanos sentir Tu fortaleza, y en la alegría, comprender Tu benevolencia.

En la pobreza, que comprendamos Tu riqueza, y en la prosperidad, que entendamos tu sacrificio.

En el rechazo, permitanos ser testigos de Tu aceptación, y en la aprobación, que no perdamos de vista Tu imparcialidad.

En el silencio, que escuchemos Tus palabras, y en el ruido, que no ignoremos Tus susurros.

En la oscuridad, déjanos contemplar Tu radiante luz, y en la luz, discernir Tus sombras.

En la vigilia y en el sueño, que nuestras mentes se llenen de pensamientos de Ti.

En la risa y en las lágrimas, que nuestras emociones sean conmovidas por Tu amor divino.

En lo conocido, descubramos la profundidad de Tu sabiduría, y en lo desconocido, confiemos en Tu plan soberano.

En la pérdida y en la ganancia, percibamos Tu amor inmutable, guiándonos a través de las fluctuantes mareas de la vida.

En lo visible y en lo invisible, que Tu presencia sea la estrella guía de nuestra vida.

En la vida y en la muerte, que encontremos significado y consuelo en Tu promesa eterna.

A través de la intercesión de Santa Teresa de Ávila, recuérdanos siempre de Tu Amor eterno en medio de las distracciones del mundo. Que su profunda fe nos inspire a buscarte en cada rincón de nuestra existencia, sin desviarnos del camino que conduce a Ti.

Por su orientación, ayúdanos a encarnar sus enseñanzas, abrazando Tu Amor divino a pesar de las distracciones mundanas.

En Tu nombre, oramos. Amén.

Oración para Fortaleza Interna durante la Duda Espiritual

Oh Santísima Santa Teresa, intercede por nosotros en la oración, buscando la presencia de Cristo en lo profundo de nuestros corazones.

Cristo, la piedra angular de nuestra fe, cuando la duda busca erosionar,

Tú eres la roca sobre la cual reside nuestra confianza.

Cristo, nuestro cimiento, cuando estamos inestables,

Tú eres la fuerza de anclaje que equilibra todas las cosas.

Cristo, nuestra guía, cuando perdemos el camino,

Tú eres nuestra Estrella del Norte, dirigiendo nuestra mirada de regreso al camino de la justicia.

Cristo, nuestro refugio, cuando la tormenta de la incertidumbre arrecia,

Tú eres nuestro refugio, un faro de luz en medio de la oscuridad.

Te suplicamos, Santa Teresa, que invoques la fuerza de Cristo en nuestros corazones,

Fortalezca nuestra fe, como un alfarero moldea la arcilla, moldea nuestra confianza en Su Divina presencia.

Cristo, nuestro valentía, cuando flaqueamos,

Tú eres nuestra firme resistencia, ayudándonos a mantenernos firmes.

Cristo, nuestro consuelo, cuando estamos asustados,

Tú eres una cálida manta envolviendo nuestros espíritus temblorosos.

Cristo, nuestro compañero, cuando nos sentimos solos,

Tú eres el eco del amor en las cuevas de nuestras almas.

Cristo, nuestra luz, cuando todo parece oscuro,

Iluminas nuestros corazones con el resplandor de Tu amor divino.

Santa Teresa, guíanos en nuestra oración mientras caminamos este camino de incertidumbre,

Enséñanos a ver en Cristo, un amigo que comparte nuestras cargas.

Llévanos a encontrar en Cristo, nuestra fuerza, nuestro escudo, nuestro constante compañero,

Con cada latido de nuestro corazón, podemos sentir Su amor pulsando en nosotros.

Cristo, la fuente de nuestra fuerza.

Cristo, el fin de nuestras dudas.

Cristo, nuestra esperanza para un futuro libre de miedo.

En Él, nos mantenemos firmes, en amor, en fe - ahora y siempre. Amén.

Oración para Orientación en la Búsqueda de la Vocación

En el vasto océano de la vida, guíanos, querida Santa Teresa, como las estrellas guían a los marineros en los mares. Ayúdanos a navegar las aguas de la incertidumbre, para que podamos discernir la dirección de nuestras verdaderas vocaciones. En la quietud de nuestros corazones, háblanos, Bendita Teresa. Así como la marea obedece al mandato de la luna, también nosotros escuchemos los susurros divinos que nos llaman hacia nuestro propósito mayor.

En el caos de nuestro mundo, anclanos, Santa Intercesora. Préstanos la seguridad constante de tu devoción. Que sea como un faro en medio de la tormenta nocturna, un faro que nos lleva a donde estamos destinados a estar.

En la soledad de nuestra oración, acompáñanos, Dulce Santa. Así como cada grano de arena bajo el mar es conocido por el Creador, así también debemos aprender a reconocer Su mano en el tapiz de nuestra vocación.

En la lucha de nuestra búsqueda, humíllanos, Prudente Teresa. Así como la almeja entrega su perla solo a aquellos que se atreven a profundizar, que se nos recuerde que la jornada hacia nuestra vocación requiere paciencia y perseverancia.

Sobre el lienzo de esta vida, inspíranos, Amorosa Intercesora. Como el paisaje marino refrescado por las mareas, recibamos cada nuevo día como una oportunidad para encarnar más plenamente nuestros yo más verdaderos.

En el crisol de la decisión, fortalécenos, Santa Valiente. Así como las aguas bajo el barco soportan su peso, podemos depender de la providencia divina para soportar la gravedad de nuestro discernimiento vocacional.

En el crepúsculo de nuestra duda, ilumínanos, Tierna Teresa. Como el amanecer que rompe sobre un mar oscuro, que el resplandor de la sabiduría divina brille intensamente en nuestro camino.

En la encrucijada de nuestro viaje, acompáñanos, Fiel Intercesora. Como la brújula apunta firmemente al norte, que nuestros corazones permanezcan inquebrantablemente alineados con nuestro propósito superior.

En el amanecer de nuestra realización, energízanos, Santa Radiante. Como las olas que bailan bajo el sol de la mañana, que la alegría de nuestra vocación vigorice nuestro viaje mientras abrazamos nuestro destino.

Mientras navegamos en las aguas del discernimiento, protégenos, Teresa Guardiana. Como el ojo vigilante de la gaviota centinela, que permanezcamos siempre vigilantes, firmes en la oración, valientes en la persecución.

En el descenso misericordioso de la gracia de Dios, consuélanos, Santa Amorosa. Como el mar acuna a sus criaturas en profundidades indescriptibles, que encontramos paz en el abrazo divino mientras buscamos nuestro lugar asignado.

En el gran tapiz de nuestras vidas, átanos a tus lecciones, Bendita Teresa. Así como el cordaje une la vela al mástil, que estemos anclados en tu sabiduría, guiados por tu luz, y propulsados hacia adelante por el amor divino.

Oración para el Renovado Entusiasmo en la Fe

Dios Misericordioso, en toda nuestra fragilidad humana, nos encontramos alejándonos de Tus enseñanzas; venimos a ti, a través de la intercesión de Santa Teresa de Ávila, un faro de fe inquebrantable, buscando la gracia de un renovado fervor en nuestra fe. En nuestras luchas y alegrías diarias, a menudo perdemos de vista a Ti; nos envolvemos en lo temporal, olvidando lo eterno. Santa Teresa, a través de tus oraciones, ayúdanos a reavivar las llamas de nuestra devoción, para que podamos ver la belleza del amor de Dios en cada momento.

En nuestros momentos de duda, cuando la fe parece una escalada imposible; tú, que amaste ardientemente y abrazaste la cruz de Cristo, intercede por nosotros. Ora para que podamos tener el valor de enfrentar nuestras pruebas, aferrándonos al Redentor, tal y como tú lo hiciste.

En nuestras búsquedas de ganancias mundanas y nuestra lujuria por efímeros elogios, nos volvemos endurecidos y distantes; Santa Teresa, por tu intercesión, que nuestros corazones puedan ser suavizados y nuestro amor por Dios revitalizado. Ora para que no persigamos las glorias pasajeras de esta vida, sino la eterna magnificencia del Altísimo.

A través de nuestras palabras, hechos y meditaciones silenciosas, podemos hacer eco de tu profundo amor y total dependencia de Dios; Santa Teresa, a través de tu intercesión, ayúdanos a darnos cuenta de que sólo Dios basta. Que nuestros inquietos corazones encuentren descanso en Él y nuestras almas fatigadas encuentren consuelo en Su divina promesa.

Al final, no son nuestras acciones, sino nuestra fe lo que realmente agrada a Dios; Santa Teresa, que encontró verdadera alegría en los Silencios de la Oración, guíanos para abrazar el sagrado silencio, para que podamos oír los susurros del amor de Dios. Ora para que podamos cultivar una comprensión más profunda de Su palabra, y nutrir una relación más significativa con Él.

Santa Teresa, la valiente reformadora, nuestro faro de inspiración; intercede por nosotros. En ti, vemos un modelo de fe inquebrantable, amor ferviente y oración incansable. Ora, para que a través de tu intercesión, también podamos personificar estas virtudes, convirtiéndonos en dignos discípulos de Cristo y portadores de Su divina luz.

Somos débiles y limitados; Dios es poderoso e infinito. A través de la intercesión de Santa Teresa de Ávila, pedimos la gracia de aceptar nuestra fragilidad y confiar en Su infinita fortaleza. Ora por nosotros, para que podamos ceder, no a nuestras debilidades, sino al poder de Su misericordia sin límites y amor inquebrantable.

En el nombre de nuestro Señor, le pedimos a Santa Teresa que interceda por nosotros, para encender en nosotros el fuego de la fe, inquebrantable y brillante; para que podamos estar siempre calentados por Su amor divino, guiados por Su luz celestial, y nutridos por Su santa sabiduría. Amén.

Oración para Superar las Tentaciones Materialistas

En el nombre del Padre, del Hijo y del Espíritu Santo; En unión con las enseñanzas de Santa Teresa de Ávila; invocando su intercesión; para guiar, fortalecer e iluminarme. En la sombra de las tentaciones mundanas; afirmo mi devoción al Amor Divino; rechazo todas las ilusiones de falso cumplimiento; creo en la simplicidad de la Divina Providencia; la adopto, me comprometo con ella, la vivo.

Profeso que las riquezas terrenales son efímeras; afirmo que los tesoros celestiales son eternos; comprendo el engaño de los deseos materiales; resisto con firmeza su atractivo; volteando mi corazón hacia Dios, mi única verdadera posesión.

Con Santa Teresa como mi defensora; imploro la sabiduría para discernir; entre lo temporal y lo eterno; para entender que menos es más; distinguir entre necesidad y avaricia; bajo la infinita gracia de Dios.

Recuerdo las palabras de Santa Teresa; "Todo pasa. Dios nunca cambia"; invoco su sabiduría; para ayudarme a resistir las tentaciones materialistas; enfocando mi corazón en el amor inmutable de Dios; viviendo en humilde servicio a Él.

Frente a los atractivos mundanos; rechazo la ilusión de satisfacción temporal; elijo la alegría eterna de la presencia de Dios; creo que en Su presencia, poseo todo lo que necesito.

Por la intercesión de Santa Teresa; pido fuerza y resolución; para trascender las trampas del materialismo; percibir su naturaleza transitoria y engañosa; eligiendo en cambio la permanente alegría y paz de la vida eterna.

A Santa Teresa de Ávila imploro; guíame hacia el camino de la plenitud espiritual; ayúdame a ver la impermanencia de las posesiones terrenales; inspírame a cultivar un corazón para los tesoros eternos.

Me comprometo con una vida sencilla; no dictada por los estándares de este mundo; pero guiada por las enseñanzas de Cristo; amando, dando, perdonando; todo en la eterna gloria de Dios.

En mi viaje hacia la santidad; reconozco que las posesiones materiales; no ofrecen verdadera satisfacción; afirmo mi comprensión de esta verdad; y me esfuerzo en vivir en consecuencia; para la gloria de Dios.

Con Santa Teresa de Ávila como mi testigo; prometo mi lealtad al Padre Todopoderoso; rechazando los placeres mundanos temporales; buscando solo Su eterno amor y misericordia; a Él sea toda la gloria, honor y poder, por siempre y para siempre. Amén.

Oración para las Mujeres en Liderazgo Espiritual

Dios de Bondad Infinita, escucha nuestra oración. En Tu divina sabiduría, has elegido a Tu sierva, Santa Teresa de Ávila,

para guiarnos en el camino del liderazgo espiritual -

para guiarnos, como mujeres que llevan otras almas a Tu gloria celestial.

Así como ella recorrió los senderos místicos y escaló las alturas de la oración contemplativa,

yo también aspiro a recorrer ese camino.

Así como ella cultivó profundos pozos de sabiduría,

yo también anhelo manantiales de comprensión para nutrir mi fe.

En la soledad de su celda, ella Te encontró impreso en cada aspecto de su existencia.

Te busco a Ti, oh Dios, para comprenderte en cada momento de mi vida.

En los dominios del sagrado terreno del corazón,

permíteme encontrarte invicto, inefable, siempre presente.

Santa Teresa de Ávila, ruega por nosotras, las mujeres que nos esforzamos por liderar,

que nos atrevemos a servirte en nuestras flagrantes insuficiencias.

Disuelve nuestras dudas y fortalece nuestra frágil confianza.

Frente a las pruebas, que encontremos valor.

Frente a la oscuridad, que seamos Tu luz.

Santa Teresa, un ancla de fe en aguas revueltas,

guíanos, las mujeres llamadas al liderazgo espiritual,

para ser firmes anclas en medio de tempestades de conflicto, duda o lucha.

Así como ella acunó la Cruz, su brújula última,

concédenos la gracia de aferrarnos siempre a tu amor incesante -

nuestro faro, nuestra guía, nuestra brújula eterna de fe.

Santa Teresa escribió volúmenes desde Tu divina iluminación,

Equípanos, oh Dios, para escribir interminables capítulos de misericordia, amor y servicio.

Que nuestras acciones resuenen tus enseñanzas,

y nuestras palabras porten la antorcha de Tu amor.

Inspíranos a guiar a otros hacia Tu amor sin límites.

Con Santa Teresa de Ávila intercediendo por nosotros,

Que, en nuestro liderazgo espiritual,

Seamos espejos de Tu amor, faros de Tu luz, vasijas de Tu gracia.

Que nuestras vidas canten alabanzas de Tu gloria

y nuestros corazones latan al unísono con Tu divino latido.

Me presento ante Ti, oh Dios,

Santa Teresa de Ávila a mi lado, intercediendo por mi petición,

Apelando por Tu bendición divina sobre las mujeres en liderazgo espiritual.

En Tu infinita misericordia, escucha nuestro ruego,

En Tu infinita bondad, responde a nuestra oración. Amén.

Oración para Aceptar la Simplicidad y la Pobreza

Dios de gracia infinita, humíllame ahora, en el corazón de tu creación,

Sumerge mi espíritu en las profundidades de la simplicidad, tal como el arroyo busca el mar.

Hazme un recipiente, vacío de deseos mundanos.

Despojado de orgullo, de vanidad, permíteme ser humilde y pobre de espíritu.

Con la riqueza de los reyes, otórgame la pobreza de corazón,

Pues en mi pobreza, puedo descubrir la verdadera riqueza de tu amor.

Sálvame, oh Señor, del ruido ensordecedor de la avaricia,

Despierta en mí una profunda apreciación por los susurros callados de suficiencia.

Otórgame, amable Creador, la sabiduría de la simplicidad,

Cultiva en mi corazón un anhelo por lo esencial, nada más.

Pues es en lo menos, no en lo más, donde tu presencia florece,

En el silencio pacífico, no en la cacofonía caótica, donde resides.

Guíame hacia los brazos gentiles de solidaridad con aquellos que tienen menos.

Permíteme ver sus rostros, no como extraños, sino como familia, como espejos de tu divina imagen.

Inculca en mí la humildad para aprender de su sabiduría,

Para respetar los sermones silenciosos que sus vidas predican, de paz en simplicidad, alegría en la escasez.

Graba en mi esencia la verdad de que ser rico es ser pobre,
Y abrazar la pobreza es asir el corazón mismo de los cielos.

En mi necesidad, lléname de gratitud,
En mi escasez, desbórdame con la abundancia de tu gracia.

Al valorar lo menos, deja que encuentre más de ti,
Al vaciar mis deseos, que mi corazón se llene de tu amor divino.

Guíame, Dios, lejos de las costas del exceso,
Hacia la extensión abierta, el solitario desierto, donde con menos, tú te vuelves más.

Que cada respiración, cada latido de corazón se convierta en una letanía de agradecimiento,

Resonando con canciones simples de gorriones, pero vibrando con la intensidad del trueno.

Derrama sobre mí, Dios Todopoderoso, una gracia para abrazar la belleza de menos.

Transforma mi percepción, para ver la extravagancia en la simplicidad.

En la profundidad de la pobreza, otórgame la riqueza de tu presencia,

En el silencio de la rendición, que pueda encontrar el eco fuerte de tu amor.

Dios todopoderoso, concede generosamente mi petición: la pobreza de corazón, la simplicidad de espíritu.

Así que de esta oración, piso territorios desconocidos de rendición, sosteniendo tu mano,

Buscando menos para descubrir más, abrazando la simplicidad para descubrirte a ti.

Amén.

Oración por Paciencia en la Adversidad

Santa Teresa de Ávila, santa mediadora, intercede en mi nombre, cuando la frustración crece y la paciencia amenaza con desaparecer,

Que encuentre la fuerza para resistir, abrazando la calma en medio de la tormenta.

En momentos de prueba, cuando todo parece perdido y caótico,

Ayúdame a ver la belleza dentro de la adversidad,

Para abrazarla como catalizador de crecimiento,

Guiado por tu divina sabiduría, eterna en su naturaleza.

Frente a la adversidad, cuando mi espíritu se debilita,

Despierta en mí, un corazón de fortaleza,

Anclado en la fe, resistente en su esencia.

En los días oscuros, cuando el camino parece peligroso y empinado,

Inspira en mí una serenidad que supera el entendimiento,

Una fuerza tranquila, nacida de pruebas y tribulaciones.

Cuando la desesperación amenaza con prevalecer y la esperanza parece flaquear,

Confianza susurrada en mi alma, suavemente, con firmeza persistentemente,

Extrae de mí la virtud de la paciencia, tan desesperadamente necesitada.

Donde hay sombras, permíteme ser un canal de luz divina.

Frente a la negatividad, que pueda reflejar positividad,

Un recipiente de la gracia de Dios, reflejando Su infinito amor.

En tiempos en que la amargura se aferra a mi, bloqueando el perdón,

Suaviza mi corazón, para que pueda dejar ir,

Experimentando la libertad del perdón, única en su liberación.

Cuando el dolor irrumpe, amenazando con consumir,

Fortaléceme para resistir la tormenta,

Para levantarme una vez más, más fuerte, más sabio, purificado por la adversidad.

Enséñame, oh Santa Teresa, a través de tu santa intercesión,

Soportar pacientemente lo que debe ser soportado,

Abrazar no solo las alegrías, sino las pruebas,

En el gran tapiz de la vida, tejido por la mano de Dios.

Que pueda aprender de la adversidad, humildad a través del sufrimiento,

Inspirado por tu ejemplo, manteniéndome firme en la fe.

Y al final, que la paciencia, con el tiempo,

Forme un corazón más conforme a la imagen de Dios.

Porque al dar, recibo,

Al perdonar, soy perdonado,

Y al morir para mí mismo, nací para la vida eterna.

Implora, Santa Teresa, tu santa sabiduría sobre mí,

En cada altura y valle, paciencia, mi compañera,

Guía y sosténme. Te lo pido a través de Cristo, nuestro Señor. Amén.

Oración para la Perspicacia Visionaria y Claridad

En el nombre del Padre, del Hijo y del Espíritu Santo, reunimos nuestros corazones para la intercesión; guiados por la sabiduría de Santa Teresa de Ávila. Te suplicamos, Señor, por la intuición visionaria; ilumina nuestro camino con Tu luz divina. Anhelamos Tu sabiduría; dérnosla en esta hora de necesidad.

Con humildad, nos arrodillamos ante Ti; con fe, buscamos Tu voz. Concédanos la claridad para el viaje de nuestra vida; que Tu voluntad sea nuestra única elección.

Añoramos tu percepción divina, oh Dios; ilumínanos con Tu profunda sabiduría. Encontranos en nuestra soledad, silencio y búsqueda; se nuestro constante guía y reino.

En nuestros momentos de confusión, trae claridad; en nuestros tiempos de oscuridad, trae luz. Con la intercesión de Santa Teresa de Ávila; guía nuestros pensamientos y visión correctamente.

Ayúdanos a ver como Tú ves, Padre divino; a entender Tu voluntad divina. Por la pureza de nuestros corazones, que podamos reflejar Tu amor; Tus mandamientos divinos nos esforzamos por cumplir.

Que nuestros pensamientos se alineen con Tu pensamiento, oh Señor; que nuestra visión se convierta en Tu visión. Con la intercesión de Santa Teresa de Ávila; que la claridad prevalezca sobre la confusión.

Guíanos para percibir más allá de lo natural; para desarrollar una visión espiritual. Con la sabiduría de Santa Teresa de Ávila; llévenos de la oscuridad a Tu gloriosa luz.

Que nuestras mentes y corazones sean uno contigo; que la claridad brille. En medio de las complejidades de este mundo; ayúdanos a discernir lo que es verdad.

Que nuestra perspectiva refleje la Tuya, querido Padre; que nuestra visión sea una con la Tuya. A través de la intercesión de Santa Teresa de Ávila; abre las puertas perspicaces del cielo.

Te agradecemos, Padre, por la visión divina; por la sabiduría de Santa Teresa de Ávila tan brillante. Que Tu luz continúe guiándonos; con Tu claridad, nuestros futuros son brillantes.

En el nombre del Padre, del Hijo, y del Espíritu Santo. Amén.

Humildad en medio de Experiencias Místicas

En el nombre del Padre, del Hijo y del Espíritu Santo, invoco la intercesión de Santa Teresa de Ávila; conocida por sus profundas reflexiones y encuentros divinos, guíame en mi viaje espiritual. Oro por humildad en medio de las experiencias místicas; Madre Teresa fue un modelo de profunda humildad, que su ejemplo se convierta en un faro ante mis ojos. Entiendo que los misterios de Dios son vastos e insondables; recordándome la enormidad del amor de Dios y la insignificancia en la que me encuentro bajo su sombra.

Declaro que todo el poder y la gloria pertenecen a nuestro Padre Todopoderoso; Él es la fuente de toda sabiduría y conocimiento. Es Él quien otorga experiencias divinas; llenando los corazones de sus fieles con amor divino, maravilla y temor.

Creo que estas experiencias místicas son dones; otorgados para profundizar nuestra fe y amor por el Creador. Sin embargo, reconozco mi humanidad; orando por la humildad para permanecer arraigado en medio de estos momentos extraterrestres.

Pido la gracia de permanecer enfocado en Cristo; Cristo que es el camino, la verdad, y la vida. Que mis experiencias, por muy profundas que sean, nunca eclipsen la realidad absoluta de Cristo.

Entiendo que la soberbia es el enemigo de la humildad; oro por la gracia de proteger mi corazón y espíritu contra este vicio. Como Santa Teresa se maravilló de las revelaciones divinas sin orgullo, guíame en sus pasos.

Creo que la humildad es la piedra angular de la espiritualidad;

permíteme la gracia de permanecer humilde al recibir e interpretar los mensajes divinos. Que ningún deseo terrenal, fama o alabanza manchen la pureza de estas experiencias.

Oro por discernimiento; concédeme la sabiduría para diferenciar entre la revelación divina y la autoengaño o ilusión. Que la comprensión de estas experiencias provenga de un lugar de humildad, anclando mis interpretaciones en la Palabra de Dios.

Ante las experiencias espirituales, enséñame a seguir el mantra de Santa Teresa; "Todo es para Dios". Que cada encuentro místico me recuerde su grandeza y mi posición como su humilde servidor.

En mi búsqueda de la santidad, entiendo que el crecimiento y la madurez vienen con la humildad; permíteme un espíritu que se somete voluntariamente a Tu voluntad divina, eligiendo Tu gloria sobre cualquier reconocimiento humano.

Por la intercesión de Santa Teresa, presento esta oración; enséñame a permanecer arraigado como lo hizo ella en sus propios encuentros espirituales. Que su firme devoción, humildad y sabiduría sean mi guía.

Amén.

Oración para la Resiliencia ante Críticas

Santa Teresa de Ávila, con paciencia duradera soportaste los asaltos del mundo. Como sierva fiel de Dios, escucha mi oración. Ante el ridículo o el rechazo por mis creencias, permíteme llevar misericordia en mi corazón.

En el torbellino de palabras crueles, permíteme hablar de paz.

En el mediodía de desprecio despectivo, permíteme aferrarme a la humildad.

En el desamor de las contribuciones ignoradas, permíteme encontrar consuelo en la aprobación de Dios.

En el crepúsculo del malentendido, permíteme comprender la profundidad de la sabiduría de Dios.

Con cada crítica susurrada, permíteme escuchar la palabra afirmativa de Dios.

En cada momento de juicio insignificante, permíteme recordar el justo juicio de Dios.

En los casos de culpa inmerecida, permíteme mantener cerca la gracia perdonadora de Dios.

En la avalancha de comentarios desagradables, permíteme confiar en la mirada benevolente de Dios.

Siempre que la crítica injustificada venga a mí, permíteme apoyarme en el amor constante de Dios.

En el proverbial matorral de palabras que cicatrizan, busco refugio en el toque curativo de Dios.

En el lodo de la humillación, permíteme surgir con la fortaleza elevadora de Dios.

Cuando mis esfuerzos son trivializados, permíteme persistir con la perseverancia duradera de Dios.

En la agonía de la crítica injusta, permíteme encontrar paz en el entendimiento silencioso de Dios.

Hacia cada punto de vista poco caritativo, permíteme irradiar el amor incondicional de Dios.

No importa las tormentas de negaciones, permíteme anclarme en las afirmaciones de Dios.

En el enfrentamiento con expresiones amargas, permíteme responder con la dulce gracia de Dios.

En el campo de acusaciones sin sentido, permíteme mantenerme firme, seguro bajo el escudo protector de Dios.

En contraste con las suposiciones crueles, permíteme mantener la fe en la verdad benevolente de Dios.

Siempre que la difamación arroje su sombra, permíteme disfrutar en la iluminación de la gloria de Dios.

Querida Santa Teresa, a través de tu intercesión, fortaléceme en mi lucha, préstame tu fuerza en la resiliencia.

Concédeme el coraje para resistir, la paciencia para perseverar, el amor para perdonar.

En todas las circunstancias, que la voluntad de Dios sea mi fuerza guía, y su amor, mi gracia salvadora.

A través de la intercesión de Santa Teresa de Ávila, que esta oración llegue al corazón de nuestro amoroso Padre,

Jesús, mi Salvador, confío en tu misericordia, tu gracia, tu amor.

En cada prueba, en cada dificultad, en cada crítica injusta, deposita mi confianza completamente en Ti.

Amén.

Oración para la Unidad y Hermandad

Amado Dios, creador de todo, te suplicamos, en tu infinita sabiduría y divina misericordia, recuerda la unidad que inicialmente pretendías para tus hijos. La unidad que Tú, en tu omnipotente creatividad, infundiste en la esencia de todas las comunidades religiosas. Te imploramos, oh Dios de compasión, para reavivar esta unidad, este compañerismo y hermandad. Al igual que las gotas interconectadas de agua, cada una única en su forma, pero unidas en el vasto océano de tu amor, permíte que las diferentes comunidades religiosas aprendan a vivir como una. Tal como la amada Santa Teresa de Ávila usó el sencillo lenguaje del corazón para comunicar tu amor, tomamos sus palabras, buscando tu divina intervención.

Compensador de diferencias, llena nuestros corazones con tal compasión que convierte las paredes de división en meras ilusiones. Ungue nuestra estancia en la tierra, con la dulzura de la unidad y la armonía para que veamos tu rostro divino en cada religión. En el amor de Cristo, en el acompañamiento de Buda, en la sabiduría de Krishna, en la justicia de Alá, déjanos hallar nuestro origen común.

Amado Padre, en este vasto tapiz de creencias, en el espectro de nuestra diversidad, revela para nosotros el único color de la unidad: el color de tu amor divino. Ayúdanos a recordar, oh Dios, que somos todas diferentes notas en la divina sinfonía que es tu creación. Que no peleemos por nuestros solos, sino que juntos produzcamos una melodía de hermandad, un estribillo de respeto mutuo, y un crescendo de Unidad.

Oh Misericordioso Gobernador de corazones, concédenos la sabiduría para entender el lenguaje del amor, el vocabulario de la tolerancia y las estructuras de oraciones de la hermandad. Que nos perdamos en la divina biblioteca de tu ilimitada creación, que nuestros corazones sean los capítulos interconectados de la unidad y nuestro amor mutuo, los párrafos de esta novela cósmica.

Santa Teresa de Ávila, mujer de profunda oración y contemplación, solicitamos tu intercesión. Susurra nuestras súplicas a los oídos de lo Divino, guíanos por los caminos de la unidad y el amor. Así como te atreviste a amar a Dios a través de la simplicidad de tu vida, otórganos el valor de amar a Dios a través de las complejidades de las nuestras.

Creador de todo, en tu divina misericordia, instrúyenos en la comprensión de que la religión más alta es el amor sin adulterar, la oración más alta es la unidad indivisible, y el culto más alto es la aceptación no discriminatoria. Permítenos convertirnos en el testimonio viviente de las inmortales palabras de Santa Teresa: "Tuyos son los ojos con los que Él mira compasión al mundo".

En tu infinita sabiduría y amor sin límites, escucha nuestra oración. Que resuene en todos los lugares sagrados y santuarios de adoración. Que haga eco del amor de Cristo, la iluminación de Buda, la sabiduría de Krishna, la justicia de Alá. Que inspire corazones y suavice posturas, curando divisiones, reparando fisuras y uniendo a todos en la hermandad universal de fe y amor.

En Tu Santo nombre oramos. Amén.

Oración para Buscar Consuelo a través de la Virgen María

Virgen María muy bondadosa, tierna Madre de Misericordia, escucha mi humilde oración. Cada día, me atrae el mundo y sus preocupaciones, pero en ti, oh Madre, busco consuelo y confort. Que tu mirada amorosa caiga sobre este humilde servidor. Cada mañana, cuando sale el sol, dirijo mis ojos hacia ti en busca de fuerza. Así como el amanecer disipa la noche, que tu santa influencia disperse las tribulaciones de mi corazón. En el bullicio y el clamor del día, sea mi tranquilo refugio.

Bajo tu manto busco refugio. Anhelo tu toque suave, como un bálsamo calmante en mi alma dolida. Sediento de tus palabras tiernas para calmar la tempestad dentro de mí. Oh Bendita Virgen, aconsejame en mi debilidad y confortame en mi angustia.

El atardecer llega, pero mi alma está inquieta, anhelando tranquilidad. En las silenciosas horas de la noche, te invoco, Santa Madre, buscando serenidad. Sé mi estrella guía, brillando en la desolada oscuridad, guiándome hacia el abrazo del amor divino.

En mis torpes intentos de navegar por los mares tormentosos de la vida, extiende tu mano y estabilizame, querida Madre. En medio de la agitación y el tumulto de este mundo transitorio, que tu intercesión rezadora me lleve a las seguras costas de lo eterno.

Oh Virgen de las Vírgenes, enséñame a amar con la misma profundidad con la que amaste a tu Hijo. Que ame no solo en momentos de alegría sino también en momentos de dolor y tristeza. En mi sufrimiento, déjame unido al sagrado corazón de tu amado Hijo.

En tu amor eterno, oh Madre tierna, que encuentre consuelo. En tus constantes oraciones, oh Intercesora fiel, que encuentre esperanza. En tus silenciosos sufrimientos, oh Bendita Virgen, que encuentre fortaleza.

Te suplico, querida madre, que me guíes hacia el manantial de la vida eterna. Que beba profundamente de esta fuente espiritual, para que los desiertos de mi alma puedan florecer con amor divino. Oh María, sé la estrella guía en mi viaje espiritual, llevándome hacia el amoroso abrazo de tu Hijo, Jesús.

Pongo ante ti, Oh Madre Virgen, las pruebas y alegrías de mi vida. Preséntalas a Jesús e intercede por mí. Al igual que un niño busca a su madre, así te busco a ti. Oh María, tú eres mi refugio en la tormenta, mi fuerza en la debilidad, y mi consuelo en la tristeza.

Oh María, préstame tus oídos mientras derramo mis suplicaciones. Extiende tus manos hacia mí, sal al encuentro de este humilde servidor. Escucha mi oración, Oh Madre de Misericordia. Intercede por mí, Oh Bendita Virgen. Consuélame, Oh Refugio de Pecadores, y guíame hacia tu Hijo, Jesús.

En lo profundo de mi alma, anhelo lo divino. ¡Cómo anhelo ser uno con Dios! No pido riquezas ni honor sino la gracia de un corazón ardiendo con amor divino. Oh Madre, trae esta oración ante el trono del Altísimo. Sé mi intercesora, mi consoladora y mi guía hacia Jesús, nuestro Salvador.

Oración para la Renovación y Revival Espiritual

Dios Misericordioso, vengo ante Tu presencia divina, humilde y buscando tu intercesión. Oro por una renovación y avivamiento espiritual, un viento que apague la sed y que barriga a través de mi alma. Señor, donde encuentre vacío, lléname con Tu divino amor. Donde haya sordera espiritual, permiteme oír los susurros tiernos de Tus sagradas palabras.

Padre, donde he flaqueado en la fe, fortaléceme con una confianza inquebrantable en Ti. Donde estoy cubierto por la oscuridad de la duda, ilumina mi camino con los rayos radiantes de Tu divina seguridad.

Oh Divino Maestro, donde la estancamiento espiritual se instala, renuévame con las aguas vigorizantes de Tu Santo Espíritu. Donde la apatía se ha convertido en mi sudario, despertame con el trueno estimulante de Tu verdad poderosa.

Dios Todopoderoso, donde mi amor por Ti ha disminuido, enciende las brasas de mi corazón con una llama incesante de pasión por Tu sagrado corazón. Donde mi devoción se debilita, alimentame con un compromiso ferviente e inquebrantable a Tu presencia santa.

Espíritu Sagrado, donde las oraciones se han convertido en ecos vacíos, infunde en mí un espíritu renovado de súplica, ferviente y sincera. Donde mi adoración carece de profundidad, refina mi alabanza en una dulce melodía solo para Ti.

Señor, cuando me alcance la ceguera espiritual, abre mis ojos a las maravillas ilimitadas de Tu majestuosa creación. Si soy mudo en la proclamación de Tu Palabra, regálame una lengua para cantar tus alabanzas con fervorosa alegría.

Amado Padre, en momentos de aridez espiritual, transforma mi desierto en un jardín frondoso, irrigado por Tu gracia vivificante. En el frío del invierno espiritual, vísteme con el calor de Tu amor eterno.

Consagrado, en tiempos de exilio espiritual, guíame de vuelta al santuario de Tu presencia divina. Si pierdo de vista en medio de las distracciones de la vida, que mi corazón siempre encuentre su brújula de vuelta a Ti.

Oh, Santo, en el flujo y reflujo de la vida espiritual, que nunca pierda de vista la marea inmutable de Tu amor constante. En la oscuridad, que Tu luz divina siempre encuentre su camino hacia mí. Y al rendirme a Ti, que descubra la victoria final de un alma unida con su Creador.

Por medio de la intercesión de Santa Teresa de Ávila, oro para que esta conquista espiritual no sea solo un deseo fugaz, sino un compromiso diario para vivir, respirar, y moverme en Ti. A pesar de los desafíos, oro por la sabiduría para percibir que al dar, recibo, y al perdonar, encuentro la verdadera libertad.

En Tu santo nombre, Señor, oro por esta renovación y avivamiento espiritual. En constante fe, confianza completa, amor inquebrantable, y esperanza alegre, avanzo, no solo para sobrevivir, sino para prosperar en Tu gloriosa presencia.

Amén.

Oración para la Sabiduría de la Auto-reflexión

Oh Misericordioso Padre, Desde lo más profundo de mi ser, me acerco a Ti. Abrumado por Tu inmenso amor, asombrado por Tu infinita sabiduría, me prosterno ante Ti.

En Tu santo presencia busco la sabiduría de la autorreflexión y el valor de la autocorrección. Hazme un instrumento listo para Tu divino refinamiento. Descompóngeme en humildad, reconstrúyeme con gracia. Abre los ojos de mi alma, para que pueda ver mis fallas. Abre los oídos de mi corazón, para que pueda escuchar Tus suaves correcciones.

Padre, en esta quietud solitaria, que pueda encontrar la verdad dentro de mí. Poda de mí, oh Dios, las ramas que no dan fruto en honor de Tu nombre. Que la luz de Tu sabiduría penetre en cada rincón de mi alma, iluminando los escondites ocultos de falsedades y autoengaño.

Viajo dentro de mí mismo, Señor, guiado y sostenido por Tus amantes manos. En este viaje, que pueda descubrir las máscaras que llevo, los muros que construyo, el miedo que me ata. En esta sagrada introspección, concédeme el valor para ver, la fuerza para admitir y la determinación para corregir.

Señor, Te busco en la reflexión tranquila. Que esta soledad no me lleve a la soledad, sino hacia Tu lado. Que Tus susurros guíen mis pensamientos, Tu toque suavice mis emociones, Tu amor calme las tempestades dentro de mí.

Ansío Tu sabiduría, Padre, la sabiduría para entender y aceptar mis limitaciones. La sabiduría para ver la belleza en mi quebrantamiento, para encontrar el propósito detrás de cada prueba. Añoro Tu fuerza, Padre, la fuerza para corregir mis pasos, para rectificar mis errores. Extiendo mis manos hacia Ti, en esperanza, en rendición, en amor.

En este camino de autoconocimiento, Padre, protégeme de la autocondenación. Permíteme verme a través de Tus ojos misericordiosos, perdonarme como Tú me has perdonado. Permíteme recordar siempre, que soy un hijo de Tu amor, no un objeto de Tu desprecio.

Termino esta oración, Señor, donde comenzó, a Tus pies. Ruego por la gracia de permanecer en este lugar de humildad, autoconocimiento y penitencia. Que la confesión de mi debilidad e imperfecciones no conduzca a la desesperación, sino a un amor y agradecimiento más profundo por Tu apasionada búsqueda de mí, incluso cuando fallo.

En el altar de la autorreflexión y corrección, deja que Tu divina sabiduría me guíe; deja que Tu amor me envuelva; deja que Tu gracia me transforme. Bendito Padre, soy tuyo, en la lucha, en la rendición, en la victoria.

Escucha este clamor de mi corazón, oh Padre. Transfórmame con el poder de Tu amor, para que pueda acercarme a Ti cada día más. Y por los méritos de Santa Teresa de Ávila, que pueda cultivar una vida de profunda reflexión y humilde corrección.

En el nombre de Tu precioso hijo, Jesús, oro. Amén.

Oración para Aceptar y Entender las Éxtasis Divinas

En la vasta expansión de tu océano celestial, filtra a través de nosotros, Santa Teresa de Ávila, tu intercesión por las divinas éxtasis que buscamos. Dispersos estamos, como conchas fragmentadas, arrojadas a la orilla, necesitando el pulso de tu latido celestial para unificar nuestros anhelos espirituales.

Por la centelleante linterna de la divina Gracia, guíanos a través de la oscuridad.

Como marinos perdidos irremediablemente atraídos hacia la luz celestial, que podamos viajar hacia el reino cósmico que susurra sobre las éxtasis divinas.

Bajo el tapiz girado de la galaxia, enséñanos a discernir el hilo divino.

En cada constelación cósmica intrincadamente tejida, que podamos vislumbrar la profunda profundidad de las sublimidades espirituales, abrazando las éxtasis divinas que yacen dentro.

Dentro de la cámara de eco de nuestros propios corazones, planta la semilla de comprensión.

Permite que nuestros corazones florezcan en tu divino jardín, impregnando nuestros seres con la fragancia del amor celestial, endulzando nuestra comprensión de las éxtasis divinas.

Por el cadencioso ritmo de las melodías celestiales, sintoniza nuestro ritmo interno.

Mientras las armonías resuenan de la sinfonía de las esferas, inspíranos a bailar en armonía divina, resonando con la cadencia de las éxtasis divinas.

En los grandes teatros de los sueños celestiales, inculca una visión de la belleza divina.

A medida que se despliegan escenas infinitas en una vivacidad elaborada, quita el velo de nuestra vista espiritual, revelando la grandeza de las éxtasis divinas escondidas dentro.

Residiendo dentro de los susurros callados de lo divino, ayuda nuestra audibilidad.

A medida que los secretos celestiales murmuran suavemente, amplía nuestra capacidad para escuchar, profundizando nuestra comprensión y apreciación por las éxtasis divinas.

Como armadas rindiéndose a la marea cósmica, ayúdanos a renunciar a nuestro miedo.

Guiados por la brújula divina hacia los territorios inexplorados, fortifica nuestro valor para explorar la profundidad de las éxtasis divinas.

Fuera de nuestras limitaciones nacidas de ceniza, enciende el fénix de la transformación divina.

Mientras el Fénix eterno se levanta de las cenizas de la ignorancia, concédenos la gracia de abrazar las éxtasis divinas en todo su magnífico fervor.

En la fuente en cascada del amor divino, satura nuestros espíritus resecos.

Sacando del ilimitado reservorio de la misericordia divina, sacia la sed de nuestro espíritu, sumergiéndonos completamente en el constante flujo de las éxtasis divinas.

Santa Teresa de Ávila, a través de tu intercesión celestial, empodéranos.

Que nosotros, con el coraje indestructible y el amor inquebrantable, tengamos la fuerza para abrazar, comprender e incorporar las éxtasis divinas en nuestra peregrinación terrenal.

Oración para Guiar con Amor y Compasión

Queridísima Santa Teresa, faro de amor contemplativo, intercede por nosotros. Lleva nuestros corazones a la fuente de la divina compasión, donde residen las aguas de empatía y comprensión. Allí, en el río de la ternura, podamos bautizar nuestras intenciones y deseos.

Cuando amanece despliega su manto de luz, emerga nuestro amor de los vacíos de indiferencia, despojándonos de la apatía y vistiéndonos con el manto del cuidado.

Enséñanos, oh generosa santa, el ritmo del amor desinteresado, ese latido que resonancia del corazón del Redentor. Une nuestros pasos a esta sagrada danza, en la que cada giro proclama: "En el amor, yo guío."

En la quietud de nuestras almas, encontremos el valor para amar como el lirio ama al estanque, reflejando su belleza sin disminuirla, acentuando su gracia sin aprovecharnos de ella.

Hay en nosotros la suave calidez de la compasión, para que podamos convertirnos en portadores de bondad, esparciéndola como el sol despliega su manto dorado, envolviendo al mundo con luz.

Santa Teresa, guía nuestras manos hacia el suelo de la delicadeza, allí, sembremos semillas de perdón, regándolas con paciencia, cuidándolas bajo la sombra de la misericordia, hasta que florezcan en comprensión.

Enséñanos a liderar como las estrellas guían la noche, orientando sin fuerza, brillando sin orgullo, allanando caminos de esperanza en el cielo más oscuro.

Con cada aliento extraído del cáliz de la vida, exhalemos la melodía del amor, una armonía que resuena en las cámaras de los desalentados, infundiendo ritmos de esperanza.

Ayúdanos, oh devota santa, a encontrar cada corazón como la luna se encuentra con la marea de la noche - con un suave tirón de comprensión, atrayéndolos hacia las costas de la paz.

En el silencio de nuestros corazones, encontremos el eco del amor divino, resonando en los espacios entre nuestros pensamientos, un susurro apacible, que declara: "En compasión, yo guío."

En el jardín de nuestras acciones, cultivemos prados de comprensión, valles de paciencia y montañas de empatía, paisajes que reflejan el del reino de arriba.

Santa Teresa, como guiaste tus pensamientos a través del guión del cielo, guíanos ahora. En la biblioteca de nuestros corazones, graba líneas de compasión en cada página que pasamos, hasta que nuestra vida se convierta en la escritura del amor.

En el lienzo del mundo, dejemos trazos de misericordia, girando en los tonos de la compasión, hasta que nuestro arte no sea más que un reflejo del amor divino.

Al desplegar los pétalos de nuestros corazones, inhalemos el dulce aroma de la humildad, aprendiendo a florecer en campos agostados de bondad, faros de esperanza en un mundo que anhela amor.

Por tu intercesión, Santa Teresa, podamos modelar nuestros corazones en linternas de empatía, liderando no solo con mando, sino con una mano extendida y un corazón regado con amor. Guíanos para liderar con amor, para bañarnos en compasión y para servir con una humildad que resuene en los cielos.

Oración por Valor para Perseguir Reformas Espirituales

Cristo, guíame en tus verdades, las cuales Santa Teresa de Ávila vivió y enseñó. Cristo, abre mi corazón a la sabiduría contenida en sus enseñanzas y escritos.

Cristo, infunde en mí su valiente espíritu para las tan necesarias reformas espirituales en mi vida.

Cristo, cultiva en mí la humildad y sencillez como la de Santa Teresa.

Cristo, ayúdame a esforzarme por la oración contemplativa, sin importar las distracciones.

Cristo, inspírame a buscar lo sagrado dentro de mi propio ser, dentro de mi propia vida.

Cristo, dame fuerzas para persistir cuando mis manos tiemblen de miedo,

Cuando las tentaciones invisibles amenacen desviarme de tu camino.

Cristo, que mi fe en ti sea mi luz guía en la oscuridad,

Mi ancla firme en mares tormentosos de duda.

Cristo, en el espíritu de Santa Teresa, permíteme acoger la pobreza espiritual por amor a tu reino.

Cristo, permíteme rechazar las distracciones mundanas para habitar en el castillo interior de mi alma,

Explorando las místicas cámaras donde resides.

Cristo, permíteme vivir una conversión continua, volviendo mi corazón hacia ti cada día.

Cristo, muéstrame cómo ofrecer mis sufrimientos como lo

hizo Santa Teresa,

Uniéndolos a tu cruz para la sanación del mundo.

Cristo, aníname a extender amor a mi prójimo,

Viendo en ellos tu rostro, tu dignidad, tu eterno valor.

Cristo, despiértame al íntimo conocimiento de tu presencia en todos los aspectos de mi vida,

Al igual que Santa Teresa estaba despierta a tu presencia divina, incluso en las trivialidades de la existencia diaria.

Cristo, guíame por el camino de la verdad, el amor, la humildad y la pureza,

Como lo hiciste con Santa Teresa durante su vida.

Cristo, que mi oración haga eco de la inquebrantable devoción de Santa Teresa hacia ti,

Su firme fe en tu amor y misericordia,

Su insaciable deseo de pertenecerte completamente.

A medida que valientemente persigo reformas espirituales en mi vida,

Cristo, que tu gracia sea suficiente para mí en mis debilidades.

Cristo, que tu amor me transforme en un faro viviente de tu luz,

Reflejando tu gloria hasta los confines de la tierra.

En tu misericordia, escucha nuestra oración,

Por la santa intercesión de Santa Teresa de Ávila, concédeme el coraje para perseguir las reformas espirituales,

Volviendo mi corazón siempre hacia ti con un eterno deseo de buscarte y servirte.

Amén.

Oración por la Gracia de Flotar sobre las Preocupaciones

Permíteme encontrar consuelo lejos de estas preocupaciones mundanas, Santa Teresa de Ávila, a través de tu intercesión, guíame. Permíteme ascender por encima de lo mundano, flotando serenamente en las alas de la oración.

Permíteme encontrar serenidad en la riqueza espiritual, no en la riqueza material.

Permíteme estar desapegado, libre de esta abrumadora obsesión con los asuntos mundanos.

Permíteme desear solo a Ti.

Permíteme detestar lo que no Te sirve, y amar solo lo que me lleva a Ti.

Permíteme silenciar los caprichos de mi cuerpo terrenal, buscando en cambio la tranquilidad de la conexión divina.

Permíteme intercambiar mis preocupaciones terrenales por la tranquilidad espiritual.

Permíteme encontrar soledad en medio del ruido, un espacio tranquilo donde puedo encontrarte.

Permíteme entender que los problemas terrenales son efímeros, mientras que Tu amor perdura.

Permíteme abrazar mis luchas como peldaños que me acercan más a Ti.

Permíteme abrazar la austeridad, para entender la riqueza de Tu amor.

Permíteme albergar un espíritu humilde, para ser digno de Tu gracia divina.

Permíteme elevarme por encima de los deseos mundanos, para sentir la pureza del amor divino.

Permíteme elegir Tu amor por encima de los placeres terrenales transitorios.

Permíteme, oh santa de Ávila, a través de tu intercesión, disfrutar de la satisfacción en las cosas más simples.

Permíteme apreciar la belleza de dar, en lugar de recibir.

Permíteme llenarme de alegría al servir a los demás, más que al ser servido.

Permíteme santificar mis acciones, para que todo lo que haga me acerque más a Ti.

Permíteme abrazar la promesa de la paz divina, dejando atrás el ruido caótico del mundo.

Permíteme confiar en Ti; en Tu tiempo, y en Tu plan perfecto.

Permíteme recordar siempre que solo Tú puedes satisfacer los deseos más profundos de mi corazón.

Permíteme encontrar consuelo en Ti, la fuente de verdadera paz y plenitud.

Santa Teresa de Ávila, a través de tu intercesión, permíteme flotar por encima de estas preocupaciones mundanas.

Permíteme abrazar libremente la perspectiva de la eternidad, con un corazón siempre orientado hacia Ti.

Oración para Comprender el Lenguaje de Dios

En el nombre del Padre, del Hijo y del Espíritu Santo, buscamos intercesión; Creo en la Voz de Dios, profunda e impenetrable; un eco en el silencio de nuestros corazones;

Creo en su lenguaje, no de palabras, sino del Espíritu;

una melodía que despierta en nosotros y nos llama a Su presencia divina;

Creo que a través de Su gracia, los misterios de Su lenguaje pueden ser entendidos;

que nuestro espíritu, en sintonía con el Suyo, puede percibir Su guía divina;

Creo en Santa Teresa de Ávila, santa y sabia, que dedicó su vida a la comprensión de Su palabra;

Reconozco sus enseñanzas como una guía espiritual, que nos dirige en nuestro viaje hacia la divinidad;

Busco su intercesión, como un puente entre nuestras limitaciones terrenales y la comprensión divina;

Como abogada en el Cielo, se presenta ante el trono de Dios, defendiendo nuestra causa;

Suplico su intercesión, para que implore al Espíritu Santo que nos llene de deseo de sabiduría divina;

Que sedientos de entendimiento, como un ciervo sediento de agua;

Oremos por oídos para escuchar, por el silencio del corazón que permite que Su voz haga eco dentro;

Que prestemos atención a Sus mandatos, suaves como un susurro, fuertes como una tormenta;

Pido un corazón que busque, sediento, y ame; Un corazón que anhele comprender Su divino lenguaje;

Un corazón que abrace Su palabra, como uno abrazado por el calor del sol;

Imploro una mente llena de sabiduría; Una sabiduría que viene de sumergirse en la profundidad de Su palabra;

Una sabiduría que abre nuestra comprensión a Su voluntad divina;

Anhelo un alma fortalecida por la fe, un espíritu empoderado por el Espíritu Santo;

Que descubramos el lenguaje de Dios, la forma más pura de comunicación, dentro del silencio de nuestros corazones;

A través de la intercesión de Santa Teresa de Ávila, pedimos esto en el nombre de nuestro Señor;

El Padre, el Hijo y el Espíritu Santo, como fue en el principio, es ahora, y siempre será. Amén.

Oración para Fomentar la Devoción Alegre en la Vida

O Gran Intercesora, Santa Teresa de Ávila; desde tu morada celestial, míranos. Estamos agobiados por el peso del mundo; nuestros corazones, cansados y sin alegría. Buscamos tu intercesión para fomentar una devoción alegre en nuestra vida diaria.

Las tareas que emprendemos a menudo se sienten mundanas y vacías; el color vibrante de la vida parece desvanecido. Abre nuestros ojos, Santa Teresa, para que podamos ver la mano de Dios en todas las cosas; Su presencia divina en lo ordinario y cotidiano.

Nuestra vida, en la superficie, parece ser una cadena de tareas monótonas; aburridas y sin inspiración. Ora por nosotros, oh santa, para descubrir el placer oculto en nuestra rutina; encontrar satisfacción espiritual y contento en nuestro trabajo.

El clamor del mundo ahoga la armonía del cielo; nos encontramos anhelando el consuelo divino. Intercede en nuestro nombre, bendita santa, para que podamos entrelazar el silencio saludable en el ajetreo de nuestras vidas.

Innumerables distracciones desvían nuestras mentes; nos sentimos ajenos a nuestro Creador. Pide por nosotros, querida Teresa, para que nuestros corazones siempre encuentren el camino de regreso a Dios; un viaje hacia el divino.

Nuestros corazones anhelan la alegría, una alegría que solo Él puede otorgar; anhelamos una felicidad que proviene de presenciar Sus milagros en la vida cotidiana. Aboga por nosotros, fiel amiga, porque solo con la ayuda divina podemos apreciar la mano del Cielo en la simplicidad de la vida.

Las tareas mundanas, a menudo las percibimos como tales; sin embargo, llevan el potencial de una adoración ardiente. Reza por nosotros, devota Teresa, para que estas pequeñas tareas se laven en tonos de devoción; cada tarea puede contribuir a un gran tapiz de alabanza.

La vida, pasa rápido a nuestro lado; efímera y transitoria. Implora por nosotros, santa de la alegría, que podamos deleitarnos en cada momento; observar el juego providencial que se desarrolla a nuestro alrededor y participar en la danza divina.

Ayúdanos a disolver las barreras que separan lo sagrado de lo secular; mézclalos en una hermosa canción de devoción. Al igual que tú, Teresa, que podamos encontrar Su esencia omnipresente; Su existencia divina coloreando todos los rincones de nuestra existencia.

Con tu fuerza y sabiduría, podemos resistir las olas de la rutina. Aboga para que nuestros espíritus no se cansen; buscando persistentemente su gracia en cada giro.

A través de tu intercesión, que podamos fomentar una devoción alegre en nuestra vida diaria. En este viaje alegre, otórganos la gracia de permanecer siempre fieles, siempre amantes; un testimonio de nuestra entrega y dependencia de Su Divina Voluntad. Amén.

Gracias Señor...

_____
_____
_____
_____
_____
_____
_____
_____
_____

Teresa de Ávila, por favor intercede por mí...

_____
_____
_____
_____
_____
_____
_____
_____
_____

Mi oración personal...

_____
_____
_____
_____
_____
_____
_____
_____
_____

Mi oración por mis seres queridos...

_____
_____
_____
_____
_____
_____
_____
_____
_____
_____

Mis desafíos actuales...

_____
_____
_____
_____
_____
_____
_____
_____
_____

Señor, ofrézcame guía...

_____
_____
_____
_____
_____
_____
_____
_____
_____
_____

Novena

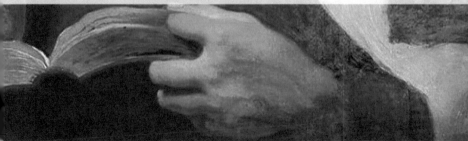

Introducción

Al comenzar nuestro viaje espiritual a través de esta novena, ofrecemos una reflexión sobre la vida de la venerable Santa Teresa de Ávila, con el objetivo de sumergirnos en su inquebrantable devoción a Dios y su singular camino de despertar espiritual. Esta novena es una secuencia de oración meditativa de nueve días, elaborada con reverencia sincera, cada día se centra en aspectos distintivos de la vida de Santa Teresa y sus enseñanzas. Cada día está formulado para evocar la humildad de Santa Teresa, el amor por la Virgen María, la devoción a las enseñanzas de Cristo, el rechazo a los placeres terrenales, las experiencias de éxtasis divino, la resiliencia ante la adversidad, las visiones de una vida austera y las ricas contribuciones a nuestra literatura espiritual. Culmina el noveno día explorando su profunda fe, amor por Dios e influencia perdurable en la espiritualidad cristiana.

Es a través de esta novena que aspiramos a profundizar nuestra fe, conectarnos con lo Divino y encontrar consuelo en la sabiduría de Santa Teresa. No solo revivimos su vida, sino que buscamos inculcar sus enseñanzas en la nuestra, mirándola como un faro que nos guía hacia la realización espiritual.

Al interactuar con esta novena, que te sientas más cerca de Santa Teresa de Ávila, obteniendo fuerza de su fortaleza espiritual, entendiendo la profundidad de su conocimiento y siguiendo sus honorables pasos. Cada oración no solo elevará tu fe, sino que también te ayudará a trazar tu camino de regreso a Dios, tal como lo hizo tan elocuentemente Santa Teresa en su viaje de vida. Embarquémonos entonces en este divino camino de oración.

Gracias Señor por...

_____
_____
_____
_____
_____
_____
_____
_____
_____
_____
_____
_____
_____
_____
_____

Mis intenciones personales de novena...

_____
_____
_____
_____
_____
_____
_____
_____
_____
_____
_____
_____
_____
_____
_____
_____
_____
_____

Mis intenciones para la humanidad...

_____
_____
_____
_____
_____
_____
_____
_____
_____
_____
_____
_____
_____
_____

Mis intenciones de novena para mis seres queridos...

_____
_____
_____
_____
_____
_____
_____
_____
_____
_____
_____
_____
_____
_____
_____
_____

Primer Día

En este primer día de nuestra novena, dirigimos nuestros corazones y mentes a Santa Teresa de Ávila, una mujer de profunda humildad. Al embarcarnos en este viaje espiritual, buscamos su guía para reconocer nuestras deficiencias, sabiendo que es en nuestras debilidades donde la gracia de Dios puede florecer más libremente. Santa Teresa, tú que fuiste profundamente humilde, te agradecemos por vivir una vida marcada por una intensa conciencia de tu propia debilidad y total dependencia de Dios. Nos recordaste al mundo que la humildad es el fundamento sobre el cual se construye cada virtud, ya que es la raíz de toda justicia.

Concédenos, querida Santa Teresa, una chispa de tu humildad. Ayúdanos a ver nuestras imperfecciones no como barreras entre nosotros y lo Divino, sino como avenidas a través de las cuales su gracia puede llenar nuestro ser, transformándonos en sus santos recipientes.

Nos recuerdas, querida Santa Teresa, las sabias palabras del mismo Cristo: "A menos que cambies y te vuelvas como niños, nunca entrarás al reino de los cielos." Enséñanos, gran santa, a hacernos pequeños a nuestros propios ojos, para que podamos crecer grandes a los ojos de Nuestro Señor.

Ora con nosotros, Santa Teresa, mientras reexaminamos nuestras interacciones y encuentros diarios. Ayúdanos a cambiar el orgullo por la humildad, la complejidad por la simplicidad. Que podamos, siguiendo tu ejemplo, abstenernos de buscar alabanza, sino más bien encontrar nuestra satisfacción en los pequeños y desapercibidos actos de amor y servicio que dulcemente reflejan el amor desinteresado de nuestro Salvador.

Como tú, permítenos deleitarnos en la humildad eliminando

de nuestros corazones cualquier forma de vanidad, orgullo o egoísmo. Guíanos hacia una verdadera muestra de humildad que no invite a condenarnos a nosotros mismos, sino a una aceptación realista y evaluación de nuestras debilidades y fortalezas.

Por tu ejemplo, Santa Teresa, que podamos comprender profundamente que la humildad no implica falsa modestia ni auto-odio, sino que nos libera para entender y celebrar que somos maravillosamente hechos, apreciados y valorados por Dios, creados a su imagen, dignos de su amor sin límites.

Mientras avanzamos en este día, con Santa Teresa como nuestra guía celestial, esforcémonos por caminar con humildad en cada paso, hablar con humildad en cada palabra y amar con humildad en cada acción. Porque es en la humilde oración, en el humilde amor y en el humilde servicio que nos acercamos cada vez más a nuestro Padre Celestial.

Cerramos este primer día de nuestra novena repitiendo las elocuentes palabras de la misma Santa Teresa: "Todos los problemas de la Iglesia provienen de pensar que somos algo." Oh, Santa Teresa, ayúdanos a recordar que no somos nada fuera de Dios, y todo dentro de Él. Oramos para que tu humilde espíritu arroje un suave resplandor sobre nuestras vidas. Inflama nuestros corazones con el deseo de ser pobres de espíritu, porque como Cristo nos aseguró, de ellos es el reino de los cielos.

En el nombre del Padre, del Hijo, y del Espíritu Santo, Amén.

Segundo Día

Al reunirnos para nuestro segundo día de oración devota, dirigimos nuestros corazones hacia una figura de inmensa significancia en la vida de Santa Teresa: la bendita Virgen María. Reconocida por Santa Teresa como su madre espiritual, la Virgen María jugó un papel crucial en la navegación del tumultuoso mar de su viaje espiritual. Comencemos nuestro día recitando esta oración, que revela la profundidad del amor de Santa Teresa por la Virgen María:

"Oh, amantísima Virgen María, Madre de Dios y mi madre, tú, que llevaste al Salvador en tu puro y bendito vientre, dirige tus misericordiosos ojos hacia mi alma turbada. En tu tierna y eterna ternura maternal, intercede por mí ante tu Hijo y mi Salvador, Jesucristo. Que yo, como tú, encuentre favor en Sus ojos, y experimente Su divina misericordia".

Contemplemos estas palabras, sintiendo su resonancia en nosotros, reconociendo la misericordia divina que constantemente nos es otorgada, mientras nos dirigimos al centro de las reflexiones de hoy.

Santa Teresa reiteró, a lo largo de su vida, su humilde gratitud y devoción inquebrantable a la Virgen María. Veía en María el epítome de la mujer virtuosa, de la maternidad divina y del servicio fiel. Al reflexionar sobre este aspecto, busquemos imbuirnos de las virtudes de la humildad, el amor, la obediencia y la paciencia que fueron tan magníficamente manifestadas en la vida de nuestra Madre Bendita.

Ahora, unamos nuestros corazones y oremos:

"Querida Madre, Oh Bendita Virgen María, tú, que concebiste y diste a luz a nuestro Señor Jesucristo, ayúdanos, en tu amable bondad, a soportar nuestras cruces con valentía y misericordia. En tiempos de tristeza, que podamos encontrar consuelo en tus tiernos brazos. Ayúdanos a aceptar humildemente la voluntad de Dios, tal como tú lo hiciste, diciendo, 'He aquí la sierva del Señor; hágase en mí según tu palabra.'"

Reflexionando aún sobre la devoción de Santa Teresa a María, podemos comprender más plenamente la importancia de la maternidad espiritual. Esto implica nutrir un alma a través de su vida espiritual, proporcionar consuelo en tiempos de desesperación, y oración incesante en momentos de alegría tanto como en tiempos de desolación. Tal como María hizo para Jesús, y para todos sus hijos.

Concluimos nuestras reflexiones de este día con esta oración:

"Santísima Virgen María, nuestra Madre Celestial, pedimos tu intercesión en nuestra vida cotidiana. Que honremos y te amemos como Santa Teresa lo hizo, mirándote como nuestro principal ejemplo de amor incondicional y obediencia inquebrantable al plan divino de Dios. Mientras avanzamos en nuestras vidas, que nosotros, como Santa Teresa, encontremos en ti el consuelo de una madre, una ayuda siempre presente en tiempos de problemas, un faro de esperanza en nuestros momentos de desesperación. Por lo tanto, bajo tu bendito manto, buscamos refugio, ahora y para siempre. Amén".

Hoy reflexionamos sobre el hermoso lazo entre Santa Teresa y la Bendita Virgen María, un lazo que nos recuerda el poder de la fe, la obediencia, y el amor materno. Mientras avanzamos en esta novena, que podamos experimentar ese amor y aprender a ejemplificarlo en nuestras propias vidas.

Tercer Día

Comencemos hoy con una respiración profunda, tranquilizando nuestras mentes y corazones mientras recordamos la inquebrantable dedicación de Santa Teresa de Ávila a Cristo y Sus enseñanzas. Al hacerlo, nosotros también buscamos renovar y fortalecer nuestra determinación de vivir el Evangelio en nuestra vida cotidiana. Santa Teresa fue reconocida por su absoluto compromiso con su fe, un intenso amor por Cristo que dirigía cada una de sus acciones. Caminó por la vida con una sed insaciable de crecimiento espiritual, soportando las tribulaciones que se cruzaban en su camino con la fortaleza de una verdadera creyente. De ella aprendemos cómo una profunda dedicación a las enseñanzas de Cristo puede encender una llama inquebrantable de fe en nosotros.

En meditación silenciosa, reflexionemos sobre las palabras de Santa Teresa: "Nada te turbe, nada te espante. Todo se pasa: Dios no se muda. La paciencia todo lo alcanza. Quien a Dios tiene nada le falta; sólo Dios basta". Al considerar estas palabras eternas de sabiduría, recordemos que en medio de los constantes cambios de la vida, Dios permanece como nuestra constante columna de fortaleza.

Oremos:

Señor Jesucristo, te agradecemos por las lecciones que aprendemos de Santa Teresa. Tú solo eres nuestro refugio y nos sostienes en tiempos de prueba. Mientras navegamos el tumultuoso mar de la vida, que permanezcamos firmes, sabiendo que mientras te tengamos, no nos falta nada. Infunde en nosotros el valor para enfrentar las incertidumbres de la vida con una fe tan robusta como la de Santa Teresa.

También reconocemos la necesidad de rededicarnos a servir

a los demás, siguiendo el ejemplo de Santa Teresa. Reaviva nuestros espíritus, Señor, para que podamos prestar servicio a nuestros hermanos y hermanas sin dudarlo. Infunde nuestros corazones con compasión, paciencia y comprensión, para ver y servirte en nuestros vecinos.

Oramos por la fuerza para emular el inquebrantable compromiso de Santa Teresa de vivir el Evangelio. Proporciónanos la sabiduría para interpretar y interiorizar tu palabra, para llevarla a la vida en nuestras acciones y encuentros diarios. Mientras buscamos humildemente acercarnos más a Ti, nutre nuestra fe y revitaliza nuestro amor por Ti y Tus enseñanzas.

Señor, concédenos el valor y la determinación para continuar en este camino de profundizar nuestra fe, a pesar de cualquier obstáculo que pueda interponerse en nuestro camino. Oramos por la perseverancia, para que podamos permanecer firmes incluso cuando nuestra fe es puesta a prueba.

Mientras continuamos con nuestra novena, recuérdenos diariamente las enseñanzas de Santa Teresa. Que comprendamos que nuestro objetivo final no se centra en los logros mundanos, sino más bien en obtener la vida eterna contigo. Cultiva dentro de nosotros una devoción inquebrantable para servir y amarte sobre todas las cosas.

Querida Santa Teresa, ruega por nosotros para que podamos seguir fielmente tu radiante ejemplo. Infunde en nosotros tu profundo amor por Dios y la inquebrantable dedicación a las enseñanzas de Jesucristo. Que nos esforcemos incansablemente para servir a Dios y a nuestros semejantes, como tú lo hiciste.

Concluimos este día de nuestra novena con corazones agradecidos, sabiendo que Dios es nuestro refugio supremo, tal como lo fue para Santa Teresa de Ávila. Amén.

Cuarto Día

Santa Teresa nació en una familia rica y noble y tenía a su disposición todas las comodidades que pudiera desear. Pero la insatisfacción se infiltraba en su corazón cada vez que se entregaba a los placeres superficiales y efímeros de la vida. El viaje de Santa Teresa sirve como un poderoso testimonio que revela la naturaleza ilusoria del mundo material y atrae nuestra atención hacia la vasta y duradera riqueza del reino espiritual. Hoy, comenzamos nuestra reflexión en este día de nuestra novena con una oración que nos lleva a la conciencia de los primeros estímulos espirituales de Santa Teresa en medio del ambiente sofocante del confort material.

"Señor, mientras avanzamos por el camino de la satisfacción material, despiértanos a la alegría duradera que solo Tú puedes brindar. Al igual que abriste los ojos de Tu obediente sierva, Santa Teresa, a la vacuidad de las riquezas terrenales, guíanos hacia un discernimiento que ponga su corazón en los tesoros celestiales. Ayúdanos a alinear nuestros deseos con Tu santa voluntad. Amén."

En sus primeros veintes, Teresa encontró una sobrecogedora claridad sobre la naturaleza fugaz y frágil de la riqueza mundana. Así, tomó la valiente decisión de renunciar a su fino estatus y unirse a la Orden de las carmelitas. Durante su iniciación, Teresa no encontró un confort inmediato en la vida religiosa. Pero su espíritu inquieto encontró consuelo en las palabras de Cristo y comprendió un fervoroso anhelo por Él que superaba todos los antojos terrenales.

Alejémonos momentáneamente de nuestras preocupaciones diarias y contemplemos las elecciones que hacemos en nuestras vidas. ¿Nos llevan estas elecciones a una relación más profunda con Dios o nos desvían al reino temporal de las seguridades superficiales?

Nuestra reflexión orante de hoy se alimenta de la sabiduría de Santa Teresa:

"Dios, danos la fuerza para liberarnos de la esclavitud del materialismo. Así como Santa Teresa desechó la efimeridad de los placeres terrenales para buscarte de todo corazón, inspíranos a hacer lo mismo. Enciende en nuestros corazones un deseo de auténtica realización que solo se encuentra en Ti. Amén."

Imagina el coraje y la determinación que tuvo Santa Teresa para despojarse de cada hilo de su pasado adinerado para encontrar paz y realización en la vida monástica. Este viaje transformador revela cómo nuestras almas no están hechas para los placeres transitorios, sino para la alegría eterna que promete la devoción a Dios.

Concluimos la reflexión de hoy con una oración para fortalecer nuestro espíritu y dirigir nuestros deseos:

"Querido Señor, mientras nos adentramos más profundamente en la vida de Tu humilde sierva Santa Teresa, te pedimos el coraje de dejar a un lado las distracciones y riquezas mundanas en favor de Tu glorioso reino. Fortalece nuestra voluntad para que no anhelemos los tesoros perecederos de este mundo, sino la alegría y la paz imperecederas que solo provienen de Ti. Amén."

Cuando emprendamos este viaje a través de la novena, que el compromiso de Santa Teresa con la riqueza divina en lugar del oro o el lujo nos motive a reevaluar nuestras comodidades materiales y a invertir en el crecimiento espiritual. Que aprendamos, cada día, a anhelar el amor de Dios con la misma intensidad que esta notable santa.

Quinto Día

En la reflexión de la novena de hoy, meditamos sobre las experiencias místicas de Santa Teresa de Ávila. Conocida por sus profundas visiones y conversaciones con Dios, Santa Teresa nos guía en el camino a través de su propio viaje espiritual hacia un deseo de conexión más profunda con lo Divino. Al comenzar la meditación de hoy, primero despejemos nuestras mentes de distracciones mundanas y busquemos entrar al sereno jardín de nuestras almas, tal como lo hizo Santa Teresa durante sus retiros contemplativos. Cierra tus ojos, respira profundamente y permite que la quietud invite a la presencia de Dios a tu corazón.

Sumérgete en una profunda reflexión de una de las experiencias místicas más transformadoras de Santa Teresa: su visión de la Transverberación, el atravesamiento de su corazón por una flecha divina de amor. Este poderoso encuentro la llenó de un deseo irresistible y un apasionado amor por Dios que no cesaría. Recuerda sus palabras, "El dolor era tan grande, que me hacía gemir; y aún así, la dulzura de este dolor excesivo era tal que no deseaba librarme de él."

A través de la prueba mística de Santa Teresa, experimentó un amor tan profundo que paradójicamente fusionó el dolor con el placer. Al reflexionar sobre esto, oremos fervientemente por un atisbo de este amor divino. Deja que estas palabras fluyan desde lo más profundo de tu corazón, "Dios eterno, fuente de todo amor, impregna mi corazón con un deseo por lo divino, como lo experimentó Santa Teresa. Lléname de una pasión que trascienda lo físico y haz de mi alma un receptáculo de tu amor infinito."

Visualiza tu corazón siendo atravesado por esa misma flecha

divina, encendiendo una pasión imparable dentro de ti, agitando un fervor y causando un apetito insaciable por la presencia amorosa de Dios en tu vida. Como el dolor espiritual podría ser parte del proceso, recuerda abrazarlo con amor como un signo de una conexión más profunda e intimidad con lo Divino, siguiendo el ejemplo de Santa Teresa.

Al meditar sobre las experiencias de Santa Teresa, recordamos la profundidad de su compromiso con Dios y su inquebrantable deseo de profundizar su relación espiritual a pesar de los ensayos y desafíos. Visualiza su valentía espiritual, su dedicación a su amante divino, y su profunda conexión que efectivamente la transformó en un faro de espiritualidad mística.

Terminemos la reflexión de hoy rezando la oración de Santa Teresa, "Nada te turbe, nada te espante, todo se pasa: Dios no cambia. La paciencia todo lo alcanza. Quien a Dios tiene nada le falta; solo Dios basta."

En esta oración, Santa Teresa nos recuerda de la naturaleza inmutable e infinita de Dios. Mientras anhelamos una profunda conexión espiritual con Dios, recordemos que la paciencia y la confianza firme en el amor eterno de Dios por nosotros sostendrá nuestro viaje espiritual y profundizará nuestro amor por Él.

En este día de nuestra novena, que la profunda conexión mística de Santa Teresa con Dios nos inspire a buscar una relación más profunda e íntima con lo Divino, aceptando los placeres y dolores espirituales que tal viaje trae. Que su intercesión nos guíe hacia un encuentro transformador con el amor perdurable de Dios. Amén.

Sexto Día

Hoy profundizamos en la vida de Santa Teresa, recordando el tiempo en que enfrentó acusaciones y adversidades por parte de aquellos que malentendieron sus experiencias místicas y aportes a la vida espiritual. Este día sirve no solo para honrar la fe inquebrantable y la resiliencia de Santa Teresa, sino también para aprender de sus experiencias, recordándonos nuestra fortaleza innata y el poder de la verdad y el amor en cualquier situación. Al comenzar, recordamos las palabras de Santa Teresa, quien nos animó a enfrentar las pruebas con paciencia. Ella dijo: "Nuestro cuerpo no está hecho de hierro. Nuestra fuerza no es de piedra. Vive y espera en el Señor, y que tu servicio sea según la razón, cuanto más, cuanto mayores sean las pruebas a las que estás sometido".

Emulemos a Santa Teresa en oración:

"Señor, hazme un instrumento de tu paz. Donde haya odio, que yo siembre amor; donde haya malentendidos, que yo aporte claridad; donde haya desesperación, que yo inspire esperanza. Toma mi corazón, hazlo firme y guíame en tu camino de rectitud".

Santa Teresa tenía una fe inquebrantable en Dios y permaneció firme incluso cuando sus confesiones de profundas experiencias místicas despertaron sospechas y malentendidos. Falsas acusaciones la calificaron de hereje, una mujer perdida en la ilusión, y sus prácticas espirituales fueron puestas en duda.

Ante estas pruebas, ella escribió: "Soy tuya y nacida de ti, ¿qué quieres de mí?" Así, entregándose completamente a la voluntad de Dios. Su valor al defender sus convicciones, a pesar de la adversidad, es una lección para que nosotros permanezcamos firmes en nuestras propias pruebas y tribulaciones, siempre confiando en el plan de Dios para nosotros.

La oración de hoy se centra en la tristeza o desesperación que puede surgir al sentirse incomprendido. Las palabras de Santa Teresa nos recuerdan que Dios siempre está con nosotros, incluso durante nuestras horas más oscuras.

"Padre, estás cerca de los que tienen el corazón roto. Rezo para que en mi mayor desesperación pueda recordar esta verdad. Cuando me siento incomprendido, ayúdame a encontrar consuelo en saber que Tú me entiendes perfectamente. Te ofrezco mis desafíos y frustraciones. Por favor, ilumina los ojos que me ven, suaviza los corazones que me juzgan y dame la gracia de una fe inquebrantable para resistir cualquier adversidad, al igual que Santa Teresa".

Para concluir la reflexión de este día, hablemos estas palabras:

"Santa Teresa, enfrentaste las críticas y los malentendidos con valentía y fe inquebrantable. Reza por mí, para que pueda desarrollar tal resiliencia, permaneciendo firme en mi fe y confiando en el amor y la misericordia de Dios, incluso cuando el mundo no entienda. Amén".

Hoy, que nuestros corazones se llenen del valor y la tenacidad de Santa Teresa, sirviendo como recordatorio de que el amor de Dios es infinito. No importa la adversidad o el desafío, podemos estar seguros de que, al igual que Santa Teresa, estamos exactamente donde debemos estar, firmemente dentro de los amorosos y protectoras brazos de Dios.

Séptimo Día

Comenzamos nuestra oración hoy en profunda reflexión y admiración por la austera y devota vida de Santa Teresa de Ávila. Ella fue un faro de simplicidad, auto-sacrificio e inquebrantable compromiso con Dios. Su vida, un testimonio de mantenerse firme en la fe, nos guía en nuestro camino hacia el crecimiento espiritual y la conexión divina. En el silencio de nuestros corazones, recordemos el espíritu resuelto de Santa Teresa. Entre sus luchas y tribulaciones, su amor divino nunca flaqueó, enseñándonos que cargar nuestras cruces con gracia nos acerca más a Dios. Pidámosle al Señor hoy la fuerza y la voluntad para resistir cualquier forma de mundanalidad que pueda obstaculizar nuestra búsqueda de santidad.

Querido Padre, honramos la austera y devota vida de Santa Teresa, que irradia Tu luz infinita. Despierta en nosotros el deseo de renunciar a las preocupaciones mundanas y buscarTe incondicionalmente. Bendícenos con sabiduría y coraje para enfrentar pruebas, tentaciones y dificultades, recordándonos que no son obstáculos, sino vías que nos llevan a una profunda intimidad contigo.

Santa Teresa, soportaste tribulaciones físicas y espirituales con ejemplar paciencia y fortaleza. Te imploramos que intercedas en nuestro favor, suplicando al Señor que nos conceda el mismo espíritu de resistencia. Tu determinación de llevar una vida ascética nos inspira a desprendernos de las posesiones y placeres terrenales. Tu tranquila y orante contemplación ofrece un modelo perfecto para buscar el rostro de Dios entre las distracciones mundanas.

Oh, Santa Teresa, defendiste la adoración de la Eucaristía y dedicaste tu vida a ganar almas para Cristo. Anímanos a ser celosos en la presencia de Nuestro Señor y a discernir Su voluntad divina en nuestro peregrinar. Forja nuestros corazones en el horno de tu desinterés y devota oración, para que nosotros, a su vez, trabajemos incansablemente para llevar la luz de Cristo a aquellos envueltos en la oscuridad del pecado y la desesperación.

Padre Celestial, te suplicamos a través de la intercesión de Santa Teresa que ilumines nuestros caminos con Tu luz divina. Fortalece nuestra fe, esperanza y amor, para que podamos viajar sin miedo a los valles más profundos y a las montañas más altas de las batallas espirituales y emerger victoriosos, cada vez más cerca de nuestra recompensa celestial.

En el silencio nutritivo de nuestra conexión orante, exploremos meditativamente las profundidades de nuestras almas, guiados por la sabiduría de Santa Teresa. Le suplicamos que nos acompañe durante nuestra peregrinación espiritual, empoderándonos con sus virtudes de simplicidad, humildad e inquebrantable amor por Dios.

Querido Señor, a través de la intercesión de Santa Teresa de Avila, ayúdanos a imitar su inquebrantable devoción y constante adhesión a Tu voluntad divina. Al abrazar este día de nuestra novena, profundizando nuestra determinación de seguir la austera y devota vida de Santa Teresa, nos comprometemos a guardar sus lecciones cerca de nuestros corazones.

La gloria sea al Padre, al Hijo y al Espíritu Santo. Como era en el principio, ahora y siempre, por los siglos de los siglos. Amén.

Octavo Día

En este octavo día de nuestra novena, reflexionamos sobre la enorme contribución de Santa Teresa a la literatura espiritual y cómo sus obras profundamente reveladoras y transformadoras pueden guiarnos hacia la madurez espiritual. Nombrada Doctora de la Iglesia debido a sus profundos conocimientos, sus escritos son un testimonio de su profundo amor por Dios y su apasionado deseo de guiar a otros hacia una unión más rica con lo Divino. La oración de hoy busca invocar la intercesión de Santa Teresa para una comprensión y apreciación más profundas de sus enseñanzas y aplicarlas a nuestras vidas.

Señor, en tu infinito amor y sabiduría, insuflaste tus palabras en Santa Teresa de Ávila, bendiciéndola con una elocuencia y sabiduría profundas que pocos poseen. A través de su pluma, iluminaste innumerables almas, incluyéndome a nosotros, que continuamos buscando orientación en sus obras.

Santa Teresa, te esforzaste por articular lo inefable, las experiencias místicas de la unión con Dios. A través de tus obras, comenzamos a comprender la intrincada danza del amor divino entre el alma humana y Dios. Tus propias experiencias se convirtieron en una fuente de sabiduría espiritual para nosotros. Ora con nosotros, querida Teresa, para que podamos tener el coraje de sumergirnos más profundamente en nuestras almas, buscando fervientemente la presencia de lo Divino dentro de nosotros.

Santa Teresa, percibiste el inmenso amor de Dios por la humanidad, un amor tan profundo que buscaba morar dentro de nosotros. Tus escritos nos invitan a cultivar nuestro castillo interior, el lugar de morada de Dios dentro de nosotros. Ora con nosotros para que podamos limpiar y purificar nuestro castillo interior, para que sea un lugar de morada adecuado para nuestro Amado.

Tus clásicos espirituales - 'Camino de Perfección', 'Las Moradas' y tu 'Autobiografía', se han convertido en faros de esperanza y orientación para innumerables almas que buscan acercarse más a Dios. Ora con nosotros, Santa Teresa, para que no solo leamos, sino que internalicemos tu sabiduría, buscando seguir tus pasos hacia una unión más profunda con Cristo.

Querido Señor, pedimos la intercesión de Santa Teresa para hacer que nuestras vidas sean una oración continua, una devoción constante que se geste en nuestros corazones, resonando en nuestras acciones e interacciones. Así como ella vivió en rendición inquebrantable a tu voluntad, inspíranos, Señor, a aspirar a nada menos. Ayúdanos a buscar el conocimiento no como un fin en sí mismo, sino como un medio para profundizar nuestro amor por ti y para servirte mejor.

Santa Teresa, ora con nosotros para que no nos volvamos complacientes en nuestro viaje espiritual. Despierta en nosotros, un deseo de progreso continuo, una sed por las aguas de la sabiduría divina que fluyen a través de tus obras. Que nuestras almas reflejen tu profundo amor por Dios y tu genuino deseo de intimidad espiritual.

Mientras leemos y meditamos en tu literatura espiritual, Santa Teresa, infunde en nosotros tu profunda humildad, paciencia y, lo más importante, tu inquebrantable amor por Dios. Ayúdanos a recordar que no son las experiencias espirituales las que debemos buscar, sino Dios mismo.

Nuestra oración hoy es por sabiduría, guía y gracia para transformar nuestros corazones y mentes mientras buscamos seguir el camino trazado por Santa Teresa. Que podamos, como ella, experimentar la alegría de una unión íntima con Dios y el coraje para compartir esa alegría con otros. En nombre de Jesús, oramos, Amén.

Noveno Día

Al llegar al último día de nuestro viaje, reflexionemos sobre la extraordinaria vida de Santa Teresa de Ávila, cuyo amor inmenso por Dios y fe inquebrantable han influido profundamente en la espiritualidad cristiana hasta su núcleo. Vivir en un tiempo de gran agitación política y religiosa, Santa Teresa permaneció como una sólida roca de fe. Su firme creencia en la guía divina y la oración incesante convirtieron su existencia en un testimonio viviente del poder y amor de Dios. Hoy recordamos esto y pedimos el coraje para mantenernos firmes en nuestra fe, al igual que Santa Teresa.

Oremos:

Dios, Tú enriqueciste a Santa Teresa con los singulares dones del amor y la fe. Al honrar su ejemplo, Te pedimos nos otorgues estas mismas virtudes. Que confiemos en Tus planes, sabiendo que todo lo que venga es parte de Tu diseño mayor. Concédenos la fuerza para enfrentar conflictos y agitaciones con inmutable fe y amor eterno por Ti.

Al reflejar el profundo amor de Santa Teresa por Dios, vemos un corazón que rebosaba con afección divina. Toda su vida fue un acto de amor, amor por Dios y amor por su gente, incluso hasta el punto de soportar dificultades y sufrimientos. Aspiramos por este amor, un amor que nos impulsa a servir a otros desinteresadamente y amar a Dios con todo nuestro ser.

Oremos:

Dios, que es Amor, haz nuestros corazones como el de Santa Teresa, llenos de pasión por Ti y compasión por nuestros prójimos. Que nuestras vidas sean guiadas por el amor, no por el miedo o las ambiciones egoístas. Así como el amor que Santa

Teresa tenía por Ti la transformó en un faro de iluminación espiritual, que nuestro amor por Ti nos transforme en instrumentos de Tu gracia.

La influencia de Santa Teresa en la espiritualidad cristiana es verdaderamente transformadora. Su profundo misticismo y oración contemplativa han guiado a innumerables almas hacia una conexión más personal e íntima con lo Divino. Hoy, buscamos emular el compromiso de Santa Teresa con una vida de oración y devoción.

Oremos:

Padre, te revelaste a Santa Teresa en el silencio de su corazón cuando fijó su mirada en Ti. Pedimos este mismo don. Que nosotros, como Santa Teresa, cultivemos una vida de oración que nos lleve al mismo corazón de Tu misterio. En el silencio y soledad de nuestros corazones, revela las profundidades de Tu amor y la belleza de Tu presencia.

Al concluir esta novena, que el amor sea nuestra guía y la oración el lenguaje de nuestras almas, justo como Santa Teresa de Ávila. Dios de amor inmenso y gracia, que nos mantengamos firmes en nuestra fe en Ti, que sirvamos a nuestros prójimos con amor desinteresado como Santa Teresa y que busquemos una conexión duradera e íntima contigo. Que la espiritualidad transformadora de Santa Teresa nos guíe en nuestro camino hacia la iluminación divina.

En el nombre del Padre, y del Hijo, y del Espíritu Santo. Amén.

Vayamos adelante, llevando el precioso legado espiritual de Santa Teresa en nuestros corazones, sabiendo que su sabiduría iluminará nuestro camino y nos acercará más a Él, que es la fuente de todo amor, toda fe y toda esperanza.

¡Gracias!

Valoramos enormemente tus comentarios sobre este libro y te invitamos a compartir tus pensamientos directamente con nosotros. Como una editorial independiente en crecimiento, continuamente buscamos mejorar la calidad de nuestras publicaciones.

Para tu comodidad, el código QR a continuación te llevará a nuestro sitio web. Allí, puedes dejarnos tus comentarios directamente o encontrar el enlace a la página de reseñas de Amazon para compartir tu experiencia y ofrecer cualquier sugerencia de mejora. En nuestro sitio web, también puedes ver nuestros libros relacionados y acceder a materiales complementarios gratuitos.

Libros relacionados

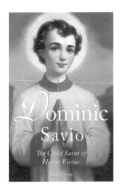

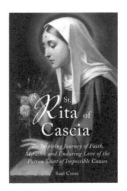

Made in United States
Troutdale, OR
11/17/2024

24955360R00056